Hildegard Hönemann

Gottes

vergessene

Sprache

„Talita kum"

Mädchen, steh auf!

Bibliografische Information der Deutschen Nationalbibliothek

Die Deutsche Nationalbibliothek verzeichnet diese Publikation
in der Deutschen Nationalbibliografie; detaillierte bibliografische Daten sind im Internet über http://dnb.dnb.de abrufbar.

Herstellung und Verlag:
BoD - Books on Demand, Norderstedt

ISBN 9783746024332

Gott schreibt

mit jedem Menschen

seine Geschichte.

„Du bist geliebt"

heißt das Vorwort

jeder Geschichte.

Petrus Ceelen[1]

Schneeglöckenfieber

In der dunklen Kälte
liegt ein Ahnen
von geboren werden
schillernde Farben
atmen in der Lebensblase
erfüllen Räume
bersten vor Entstehen

Glutwind
entfacht
Seelenfeuer

Wir müssen unser Dasein so weit, als es irgend geht, annehmen; alles, auch das Unerhörte, muss darin möglich sein. Das ist im Grunde der einzige Mut, den man von uns verlangt: mutig zu sein zu dem Seltsamsten, Wunderlichsten und Unaufklärbarsten, das uns begegnen kann. Dass die Menschen in diesem Sinne feige waren, hat dem Leben unendlichen Schaden getan; die Erlebnisse, die man „Erscheinungen" nennt, die ganze sogenannte „Geisterwelt", der Tod, alle diese uns so anverwandten Dinge, sind durch die tägliche Abwehr aus dem Leben so sehr hinausgedrängt worden, dass die Sinne, mit denen wir sie fassen könnten, verkümmert sind.

Rainer Maria Rilke[2]

Vorwort

Wer ist Gott? Eine Frage, die sich Menschen stellen – Sie auch?

Sehen kann man ihn zwar zugegebener Weise nicht, aber spüren, IHN in seinem Leben entdecken.

Wer die folgenden Seiten durchliest, wird erfahren können, wie bei Frau Hildegard Hönemann gerade dies geschah – Gott wirkt, und das bei mir!

Viele Grenzerfahrungen hat sie dabei machen müssen – das weiß nur ER.

Dabei wäre es schade, wenn der Leser nur denken würde, dies ist eine einmalige Geschichte.

Gott sagt Ja zu Dir, zu Ihnen!!!

IHN in dem eigenen Leben suchen und zu finden ist meiner Erfahrung nach die spannendste Entdeckungsreise des Lebens, zu der Sie diese folgenden Seiten einladen.

Neun Jahre lang durfte ich Hildegard Hönemann in der Entwicklung ihrer Beziehung zu Gott als Priester begleiten, wofür ich sehr dankbar bin. Denn eines wird mir bei jedem Menschen, der sich mir in geistlicher Begleitung anvertraut, deutlich:
Gott ist zum einen sehr lebendig und zum anderen handelt er häufig anders, als wir es erwarten.

Lippling, den 5. November 2013

Jürgen Drüker

Manchmal beginnt etwas

als sei es das Ende

nur

ich weiß es dann noch nicht

es ist wie eine Geburt

So fängt mein Gedicht *Aufbruch* an.

Den Weg der letzten fast dreißig Jahre habe ich mir

nicht ausgesucht. Er war sehr schmerzvoll, voller

Drangsal und Not.

Aber ab dem 23. August 2006, als ER mir ein großes

spirituelles Erlebnis schenkte, bin ich diesen Weg

konsequent und voller Liebe, Dankbarkeit, Mut,

Staunen, Freude und Vertrauen gegangen.

Mein Weg, mein Leben ist dadurch sehr spannend

geworden.

Alles fing 1990 an. Ich wurde schwer chronisch krank, mein Körper war voller Schmerzen. Eine Krankenhausserie begann, die fast nichts brachte, außer dass mir ein Arzt eine ganzheitliche Schmerztherapie empfahl. Ich fragte ihn was das sei, ich war bis dahin von schlimmen Krankheiten verschont geblieben.

„Sie lernen sich nach und nach wahrhaftig kennen, erkennen ihr Verhalten, durchleuchten ihr Umfeld, ihr Leben, ihr Menschsein. Sie lernen wie Gefühle, Gedanken, eingebläute Verhaltensmuster sich auf den Körper auswirken, welche Situationen bzw. Menschen sie krankmachen können. Sie können therapieren, denn Sie können gut ihre Gefühle beschreiben, sagen offen was Sie wirklich denken. Das kann nicht jeder, und Sie sind stark, Sie haben keinen einfachen Weg vor sich."

„Ich will das, ich kämpfe, so kann ich nicht leben!" war mein Entschluss.

Da ich schon immer gerne gelernt habe stellte ich mich den Herausforderungen, dann eben mal geistig, psychisch, wenn das Körperliche, Sportliche nicht mehr ging. Ich musste einige Monate warten bis im Marienhospital im Münsterland ein Platz für mich frei wurde.

Das war für mich eine lange Zeit, weil ich in großer Not war. Meine Angst war, dass ich mit dreiundvierzig Jahren zum Pflegefall würde. Ein schrecklicher Gedanke für mich, die immer gern in Bewegung war, gerne jährlich das Sportabzeichen machte. 1986 war ich noch dreifache Vereinsmeisterin im Tennis, jetzt ein Nichts, das sich vor Schmerzen kaum bewegen konnte. Trotz allem fuhr ich manchmal Fahrrad und ging mit kaum zu ertragenden Schmerzen spazieren, wenn ich aufstehen konnte.

Dann hieß es im Dorf: „Was hat die denn, die fährt doch Rad und geht spazieren!" Das hat mir sehr weh getan. Wo waren meine Sportsfreunde,

Arbeitskollegen? Ich kämpfte um mein Leben und dann diese Vorurteile. Aber die Rederei sollte noch schlimmer werden, dazu später.

Dann kam im Krankenhaus, es war im Mai 1990, das erste unglaubliche Erlebnis. Frühabends. Ich wollte nicht mehr leben mit solchen Schmerzen im ganzen Körper, das war für mich unvorstellbar. Es war sehr warm in dem Krankenzimmer, die große Schiebetür zum Balkon stand offen. Siebter Stock. Ich dachte: „Spring, dann ist endlich alles vorbei!"
Ich quälte mich aus meinem Bett, ging schleppend zur offenen Balkontür, wollte den Fuß auf den Balkon setzen.
Es ging nicht, etwas Unsichtbares versperrte meinem rechten Fuß den Weg.
Ich verstand das nicht, nahm meine rechte Hand, mit ihr kam ich nach draußen. Dies versuchte ich noch dreimal, der Fuß kam nicht durch die offene Schiebetür auf den Balkon, aber die Hände.

„Hildegard", dachte ich, „deine Schmerzen machen dich noch verrückt", und schleppte mich zum Zimmer der Nachtschwester. Der Schwester habe ich nur gesagt, dass sie in dieser Nacht auf mich aufpassen solle, und dass ich so Angst hätte, dass ich das alles nicht mehr aushalten könne.

Ich spürte, es geschieht etwas mit mir, aber was, das wusste ich nicht. Darum war ich trotz allem sehr geduldig im Leiden. Ich habe nicht gefragt: "Warum gerade ich?" Ahnend sagte ich zu mir: „Es muss einen Sinn haben, so ein plötzlich durchkreuztes Leben, so viel Leid."

Es hat seinen Sinn gehabt. Jahre später erkannte ich meinen Weg, meine Aufgabe, meine Berufung. Ich gehe diesen Weg jetzt freudig und begeistert, weil ich schon vielen Menschen mit meiner Geschichte, meinen Erfahrungen, meinem Erkennen und angeeigneten Wissen von über 20 Jahren helfen konnte.

Ich bin Autorin geworden. Seit 1998 halte ich Lesungen, Vorträge über „froh machende Lebensphilosophie!" Das macht die Zuhörer wieder froh, und mich auch.

Und jedem Anfang wohnt ein Zauber inne,
der uns beschützt und der uns hilft zu leben.

Hermann Hesse, Stufen

Es kamen noch viele geheimnisvolle Erlebnisse, Träume, die mir später ein Wissenschaftler erklärt hat, aber manchmal musste auch die Wissenschaft passen, da setzte der Glaube ein. Ein Geistlicher, mein Beichtvater, hat sie mir dann weiter erklärt, auch anhand von Biographien großer mystischer Menschen, z.B. Teresa von Avila de Jesus. Nach und nach erkannte ich, dass wir viel mehr wissen können als unser Verstand begreifen kann.
Tief in uns ist das Göttliche, das uns führt und lenkt. Das spürte ich als ich still wurde, zur Ruhe gezwungen wurde, immer wieder, jahrelang.

Ich ging in diesen Phasen innerlich auf Reisen,
versenkte mich in mir.

> *Der Reisende ins Innere findet alles,*
> *was er sucht, in sich selbst.*
> *Das ist die höchste Form des Reisens.*
>
> Laotse

Aber bis dahin war es ein langer, leidvoller,
geheimnisvoller Weg.

Meinen ersten großen wegweisenden Traum hatte
ich 1990 in der ganzheitlichen Schmerztherapie.
Wir spielten diesen Traum in einer Therapiestunde
nach, nachdem ich ihn erzählt hatte. Ein junger
Mann in unserer Gruppe, ein unangenehmer,
aggressiver Typ sagte: „So etwas kann man doch
nicht träumen, die Hönemann spinnt!" „Gehen Sie
bitte in dieser Stunde raus", ordnete die Ärztin an,
„sie stören jetzt!" Er ging.

Der Traum:

Ich stehe in einem kleinen Gefängnisraum, eine Eisentür, daneben rechts ein kleines, vergittertes Fenster. Davor erscheint plötzlich ein Astronaut im silberfarbenen Anzug. Ich gehe auf ihn zu, wir sehen uns an, dann geht er nach links weg, ich schaue hinter ihm her, er verschwindet rechts hinter der Ecke.

Dann steigt in der Gefängniszelle Wasser hoch, immer höher, ich bekomme kaum noch Luft, mein Gesicht ist schon unter der Decke.

Da ruft eine laute, befehlende Stimme, die mich erschaudern lässt: „Flieg doch, flieg!", dreimal eindringlich hintereinander.

Ich beginne zu fliegen, stoße aber mit dem Kopf unter die Decke, falle herunter auf einen OP-Tisch, aus dem spitze, scharfe Messer, Dolche, Schwerter ragen.

Mit voller Wucht falle ich in das Marterwerkzeug, doch komischerweise tut es kaum weh.

Die Ärztin nahm mich danach zur Seite und fragte mich: „Was hätten sie im Traum gesehen, wenn die ‚Decke' weggeflogen wäre?" Ich wusste es nicht, ich war einfach fertig. Abends stand ich auf dem Hof vor dem Hospital und schaute mir den schönen Sternenhimmel an. Mensch, dachte ich, wenn die Decke nicht gewesen wäre, hätte ich die Sterne, den Himmel gesehen. Ich weinte.

Danach prasselten die Träume so auf mich ein. Ein Arzt, der Tiefenpsychologie studieren wollte, nahm mich jeden Mittag in seiner Arbeitspause zur Seite. Ich musste ihm all meine Träume erzählen, die ich überhaupt nicht verstand. „Schreiben Sie alle in ein Buch, irgendwann werden Sie sie verstehen, sie werden Ihnen in Ihrem Leben sehr hilfreich sein, sie werden Ihnen Ihren Weg weisen!" Mittlerweile sind an die zwanzig Kladden mit meinen Träumen vollgeschrieben.

Der Arzt hatte Recht. Nach zwei Jahren habe ich sie verstanden, nachdem ich im hiesigen Stadttheater einen Vortrag von Eugen Drewermann hörte, der das Märchen „Aschenputtel" tiefenpsychologisch auslegte. Ich las danach Bücher über Traumdeutung, bis ich all meine Träume verstand.

Manche meiner Träume sind sehr konkret, mit Anweisungen oder Telefonnummern, und andere sind voller Symbole und archetypischer Zeichen wie in Märchen.

Ich bin sehr dankbar für diese Träume, sie sind mir eine große Hilfe, zeigen mir wer ich bin, wo ich stehe, sie weisen mir meinen Weg. Das macht mich sehr vertrauensvoll und mutig.

Unsere Gruppenmitglieder in der Therapie hatten sich von der Ärztin ein Glaubensgespräch gewünscht. Sie war auch Psychologin und überzeugte Christin. Am Ende dieses Abendgespräches sagte sie zu mir:

„Frau Hönemann, Sie müssen sich mit ihrem Glauben auseinandersetzen, Sie haben noch einen ‚Schulglauben‘, der Ihnen Schuldgefühle verursacht.“

Zu diesem Zeitpunkt war ich noch nicht offen für solche Gedanken, denn jetzt interessierten erst einmal meine Träume, aber die Zeit kam, drei Jahre später.

Drei Monate war ich in der Schmerztherapie. Bei meiner Entlassung wurde ich aufgefordert, insgesamt fünf gravierende private und berufliche Angelegenheiten zu ändern. Nach vier Wochen musste ich dort Bericht erstatten, ob ich diese Überforderungen, dieses Krankmachende abgestellt hatte.

Ich musste „NEIN!“ sagen lernen, was mein Umfeld nicht von mir kannte, ich funktionierte nicht mehr. Es wurde schwierig, aber ich blieb dran, das zu ändern, was ich nicht mehr konnte und wollte, was mich kränkte. Überhaupt wurde ich ein bisschen rebellisch, weil ich diese Scheinwelt, diese Menschen mit Masken, das Angepasste um mich herum nicht mehr ertragen konnte und wollte. Ich wurde unbequem.

1992 lag ich wieder sechs Wochen in einem „normalen" Krankenhaus.

Danach beschloss ich: In ein solches Krankenhaus gehe ich nicht mehr, die können mir nicht helfen, sogar das Gegenteil ist der Fall. Sie bekommen meine Schmerzen doch nicht in den Griff. So blieb ich zu Hause liegen. Mein Hausarzt kam oft zum Spritzen. An einem Tag eilte er an mein Bett und fragte: „Wo ist es denn heute am schlimmsten?" „Herr Doktor, ich darf mich nicht bewegen, nicht sprechen, ich liege wie in Scherben!" Der Arzt erschrak, er spritzte. Als die Spritze nachließ hatte ich wieder unerträgliche Schmerzen, vom Haar bis zu den Fußspitzen. Ich rief den Arzt nicht mehr an, ich wollte sterben.

Und dann geschah es:

Dissoziation!

Schmerzwachkoma, Schock, Nahtoderlebnis …

Ich lag regungslos im Bett, plötzlich waren die immensen Schmerzen wie weggefegt, ich konnte es nicht fassen, schlug die Augen auf und sah mich oben links in der Schlafzimmerecke hocken. Meinen Körper spürte ich nicht mehr. Irgendwie hatte ich das Gefühl zu schweben.

Ich war bei vollem Bewusstsein. Wieder dachte ich, weil ich keine Ahnung hatte was da mit mir geschah, Hildegard bleib ruhig, fange nicht an zu schreien. Wie lange ich mich da oben in der Zimmerecke ansah weiß ich nicht mehr, ich hatte kein Zeitgefühl. Es war ein berauschendes Gefühl, keine Schmerzen mehr zu spüren, so kann es bleiben, dachte ich. Aber es blieb nicht so. Auf einmal sah ich mich nicht mehr oben in der Ecke, ich war verschwunden. Im gleichen Moment war ich wieder voller Schmerzen. Als ich, nachdem mich zur Toilette geschleppt hatte, zurück ins Schlafzimmer kam, brach ich wieder zusammen, rollte mich voller Schmerzen auf dem Boden und schrie zu Gott: „Hier, nimm mein Leben, ich will es nicht mehr, ich halte es nicht mehr aus, lass mich doch endlich sterben!"

Ich habe IHN ausgeschimpft, angeklagt und geschrien. Ich war ja allein im Haus. Alles brach aus mir heraus. Als ich mich ausgetobt hatte ging meine Sprache in ein klägliches Weinen über und ich bat IHN:

„Wenn Du jetzt schon mein Leben hast, dann lass mich aber bitte DEINE Nähe, DEINE Führung spüren, ich gehe und tue was DU willst! Hilf mir! "

Ich nehme es vorweg:

ALLES HAT ER MIR GEGEBEN, UND NOCH VIEL MEHR!

Gott gibt denen, die sich anstrengen.

Sprichwort der Lunda, Afrika

Ein Vierteljahr lang, über Weihnachten 1992 bis
März 1993, begab ich mich in eine ganzheitliche
Schmerztherapie im Saarland. Ich fand es immer
erstaunlich, welche interessanten Eigenschaften mir
Ärzte zusprachen, wenn ich außerhalb war.
Das sagte keiner in meinem Dorf, und für mich
waren diese Gaben selbstverständlich, weil ich sie
immer schon hatte. Auch wenn ich sie noch längst
nicht alle genutzt hatte.

In der Therapie passierten vermehrt eigenartige
Dinge. So hatte die für mich zuständige Ärztin gleich
im Dezember zu einer Gesprächsrunde eingeladen.
Ich wollte sie gerne kennenlernen und ging hin.
Die Ärztin stellte spontan die Frage: „Warum ist
Weihnachten?" in unsere kleine Runde.
Eine mir unsympathische Frau wollte mit
ausschweifenden Gebärden erklären, warum

Weihnachten ist. Sie warf dabei mit den Namen der Evangelisten Markus, Matthäus, Lukas und Johannes um sich. Ich unterbrach sie ungeduldig: „Das kann doch kein Mensch verstehen!" Für mich war damit der Vorfall erledigt, doch nun forderte die Ärztin mich auf: „Frau Hönemann, dann erklären *Sie* uns doch, warum Weihnachten ist!" Erschrocken fragte ich: „Ich, ich soll das erklären, wie denn?" Ich fühlte mich überrumpelt und überfordert. Ich fing an zu stammeln: „Weihnachten, Weihnachten, Weihnachten ist …??"

Es folgte eine kurze, stille Pause, dann kam es bestimmend aus meinem Mund, wie aus einer Pistole geschossen: „Weihnachten ist, weil Jesus auf die Welt gekommen ist, um uns Menschen zu zeigen, wie wir leben sollen!"
Ich erkannte dabei kaum meine Stimme wieder, sie klang anders, fremd. Die Gesprächsteilnehmer schauten nachdenklich, schweigend vor sich hin.

Später, im Januar 1993, die Ärztin hatte ihren „Kinderurlaub" über Weihnachten genommen, kam sie aufgeregt in mein Zimmer, „Frau Hönemann, ich habe meinen kleinen Kindern den Sinn des Weihnachtsfestes mit Ihren Worten erklärt."

„Ja, und?" „Sie haben es verstanden!" „Ja", sagte ich, „die Kleinen können so etwas oft besser verstehen und erklären als die Großen! So ist es!"

Zur Aufnahme in die Klinik sprach eine Ärztin lange mit mir. Ich legte mich dabei hin, denn ich konnte aufgrund meiner Schmerzen so gut wie gar nicht sitzen.

Ich war kaum auf meinem Einzelzimmer, da trat meine allgemein zuständige Ärztin ein, stellte sich vor und teilte mir mit: „Frau Hönemann, Sie haben gerade lange mit meiner Kollegin gesprochen!"

„Ja", sagte ich. „Diese Ärztin will sie unbedingt in ihrer Gesprächsgruppe haben, wissen Sie was das bedeutet?" Ich wusste gar nichts, warum war ich

denn hier so gefragt? „Warum?", fragte ich deshalb.
Die Ärztin meinte: „Wissen Sie das wirklich nicht,
Frau Hönemann?" Sie sah mich aufmunternd an,
nickte mir wohlwollend zu und verließ mein Zimmer.

Dann war der erste Gottesdienst, den ich dort
besuchte. Ich schleppte mich hin.
Es war ein größerer Kapellenraum. Ich setzte mich
ziemlich weit nach hinten, um aufstehen zu können,
wenn ich nicht mehr sitzen konnte. Der Geistliche
stand vorne und bereitete die Messe vor. Da
schaute er sich suchend im Raum um, sah mich an,
kam auf mich zu und fragte mich, ob ich die Lesung
vortragen würde. „Ich weiß ja gar nicht, ob ich bis
vorn zum Pult komme, ob ich so lange bleiben kann,
ich habe große Schmerzen." Der Priester meinte:
„Der Text liegt vorne auf dem Stehpult, er ist nur
ganz kurz." Irgendwann nickte er mir aufmunternd
zu, ich erhob mich, wankte förmlich zum Lesepult
und da standen Worte vom Evangelisten Paulus, die

ich laut, aber total aufgewühlt vorlas, denn es hätten meine eigenen Worte, meine Gefühle sein können:

Als schwacher Mensch trat ich vor euch
und zitterte innerlich vor Angst.

1. Kor 2, 3

Nach Weihnachten ging der richtige „Anwendungsrummel" los. Ich bekam meine erste Massage und lag danach eine Woche voller Schmerzen im Bett. Bei der Chefarztvisite habe ich getobt und gesagt: „Es kommt keiner mehr an meinen Körper ran, das bin ich leid, das habe ich schon mal gehabt …"
Der Chefarzt fing an seinen „Stab" zu kritisieren: „Mein Gott, diese Frau darf doch nicht von jedem behandelt werden!"
Zu mir gewandt: "Sie bekommen namentlich einen Physiotherapeuten zugewiesen."

So geschah es dann auch. Ein kleiner, zäher, stiller Mann behandelte mich in Zukunft, das klappte dann gut.

Als ich nach dieser ersten unheilvollen Massage eine ganze Woche lang im Bett lag besuchte mich der Geistliche, der mir die Lesung aufgetragen hatte, auf meinem Zimmer. Er war Pastoralreferent, verheiratet und hatte zwei Kinder.

Ich war damals ziemlich sauer auf meine Mutter, die mich nicht in die Welt hinausgelassen hatte.

Reporterin oder Malerin wäre ich gern geworden, hätte gerne studiert, das Lernen fiel mir doch so leicht. Mein Lehrer hatte meine Eltern auch eindringlich darum gebeten.

Ich erzählte dem Pastoralreferenten alles, was mich damals bewegte, was ich fühlte und dachte. Er war ein liebenswerter Mensch, ein guter Zuhörer.

Nachdem ich geendet hatte meinte er: „Frau Hönemann, seien Sie froh, dass Sie nicht studiert haben!" Ich: „Das verstehe ich jetzt aber gar nicht!?"

Er: „Frau Hönemann, sie haben eine Bildung, die können sie auf keiner Universität lernen!"

„Was?", sagte ich, „Was habe ich denn für eine Bildung?" Er antwortete „Sie haben die *Herzensbildung*!"

Das war etwas Neues für mich, ich schlief erschöpft ein.

Zwei Wochen danach kam der Pastoralreferent aufgeregt zu mir und bat mich: „Sie müssen unbedingt am Dienstag in unser Glaubensgespräch kommen. Da kommt ein großer Industrieller, der wohl in Zukunft seine Fabrik nicht mehr leiten kann, er ist schwer krank. Er schimpft nur noch auf Gott herum." „Ja, warum soll dann gerade ich dazu kommen?", wollte ich wissen.

„Frau Hönemann, bitte bekennen Sie ihm Ihren Glauben und wie und warum Sie so geduldig und vertrauensvoll mit ihrer Krankheit umgehen, Sie wissen schon."

Der Geschäftsmann war in Begleitung seiner Frau. Wir ließen ihn sich erst einmal verbal richtig austoben. Dann sagte der Pastoralreferent zu dem Kranken: „Dies hier ist Frau Hönemann, sie wird viele Jahre, vielleicht ihr Leben lang mit starken Schmerzen leben müssen, fragen Sie sie, wie sie das aushält und schafft!"

Er fragte nicht, sondern schaute mich, immer noch zornig, aber auch erwartungsvoll an. „Ohne meinen Glauben hielte ich das nicht aus. Ich wollte schon zweimal ernsthaft nicht mehr leben, aber es kam anders, irgendwie wurde es ‚von oben' verhindert. Darum glaube ich noch mehr daran, dass ich unbedingt leben soll, dass alles seinen Sinn hat. Es muss einen Sinn haben! Irgendwann werde ich es wissen. Ich habe auch besondere Träume, die mich führen. Die können nur von IHM sein! Das alles lässt mich hoffen und vertrauen."

Es war eine ganze Weile still. Der schwerkranke Geschäftsmann war auf einmal ruhig. Wir beteten zum Schluss, standen im Kreis, reichten uns alle die Hände und gingen schweigsam auf unsere Zimmer.

Dann war da noch die Ärztin, die ich noch gar nicht kannte, nie gesehen hatte, die mich aber sofort mit meinem Namen ansprach. An dem Tag konnte ich einigermaßen gehen. Wir Patienten konnten aus Sicherheitsgründen nur in Begleitung einer Ärztin im Wald spazieren gehen.

Die Klinik war mit 500 Betten riesengroß. Es stand schon eine Traube Menschen vor dem Klinikportal. Meine Bekannte und ich stellten uns dazu. Jemand schlug vor, den breiten Hauptweg zu gehen. Das fand ich langweilig und sagte: „Lassen sie uns doch die kleinen Trampelpfade gehen, ich habe schon welche ausgekundschaftet, sie liegen so schön ablegen und ruhig, da gehen nur wenige her!"

Die Ärztin, ich weiß heute noch nicht wie sie heißt, schaute mich groß an und fragte: „Sind Sie Frau Hönemann, die neue Wege gehen will oder wird?" Mir fehlten die Worte, was meinte diese Ärztin, wir hatten uns doch noch nie gesehen, nie miteinander gesprochen. Wieso sollte ich neue Wege gehen? Ich hatte nie daran gedacht was so kommt, zurzeit ging doch gar nicht viel bei mir mit „neuen Wegen", ich war froh, wenn ich diesen Waldspaziergang schaffen würde. Ich verstand bald gar nicht mehr, was alles zu mir oder über mich gesprochen wurde. Bei uns im Dorf kam keiner auf solche Gedanken!

Bei den langsamen, einsamen Spaziergängen, die ich mit einer Gehhilfe wagte, beeindruckten mich die Bäume sehr. So hatte ich sie noch nie gesehen. Ich fing wieder an Gedichte zu schreiben, so wie ich es in der Jugendzeit getan hatte. Mein erstes Gedicht hing ich an die Schrankwand:

Ich fühle mich wie ein neu verpflanzter Baum
Einsam auf einer bunten Wiese stehend
Die lockere Erde bietet noch keinen Halt
Jede Windböe zupft und rüttelt an mir
Ich drohe umzufallen
Aber die Vögel des Himmels
Singen schon gern
In meinen frisch grünenden Zweigen

Meine zuständige Ärztin stand bei der Visite
nachdenklich davor und meinte:
„Wissen Sie überhaupt, wie gut Sie Ihre starken
Gefühle in Worte fassen können?"
Ich hätte wirklich schon eher weggehen sollen um so
etwas zu hören, um eine Ahnung von meinen
Fähigkeiten zu bekommen.

Ich erinnere mich noch an eine Gesprächstherapie.
Eine Frau erzählte ihr Eheleid. Als sie geendet hatte
wollte die Ärztin wohl unsere Empathie testen und
fragte uns der Reihe nach: „Was fühlt diese Frau
jetzt, was möchte sie?" Die betreffende Frau

schüttelte immer verneinend den Kopf, als die anderen antworteten. „Und Sie, Frau Hönemann, was sagen Sie dazu?", forderte mich die Therapeutin auf. „Die Frau hat so einen Haufen Mist vor sich liegen, am liebsten würde sie ihn mit einer großen Forke hinter sich werfen und beide Männer in den Wind schießen", meinte ich.

Die Leidende lächelte mich an und sagte zur Ärztin: „Ja, sie hat es genau getroffen, so denke und fühle ich!"

Jetzt kam etwas, damit hätte ich nie gerechnet.

„Frau Hönemann, bitte übernehmen Sie diese Therapiestunde", forderte mich die Ärztin auf. „Ich? Das kann ich doch gar nicht!" „Machen Sie einfach, das klappt!".

Ich fragte meine Leidensgenossen sehr gezielt, und sie waren sehr offen, vertrauten mir, redeten sich sehr schmerzliches von ihrer Seele.

„Sehen Sie", sagte die Ärztin am Ende der Stunde, „das können Sie auch." Was ich alles können sollte, unglaublich. Ich fing an, mehr darüber nachzudenken.

Dann bekam ich aber auch den Neid und die Eifersucht gewisser Damen zu spüren. Sie gingen mit den befreundeten Männern ins Bett, aber diese Männer wollten lieber tagsüber mit mir spazieren gehen und sprechen. Diese Frauen griffen mich an. Ich entgegnete ihnen „Ihr seid eben aufs Bett fixiert, ich auf helfende Gespräche. Bemüht euch doch um Gespräche, das brauchen die Männer hier viel mehr als Sex. Was man ausgesprochen hat, kann heilen!". Danach hatte ich Ruhe vor ihnen.
Im letzten Gottesdienst an dem ich dort teilnehmen konnte lagen auf einem großen Tisch Schriften aus. Ich nahm alles Mögliche mit, auch die GUTE NACHRICHT (Bibel). Kostenlos. Ich wusste zu dieser Zeit noch nicht, dass dieses Buch das wichtigste meines Lebens werden sollte.

Die Rückfahrt nach Hause war sehr beschwerlich. Ich konnte immer noch nicht gut sitzen, musste oft im Auto liegen. Es war sehr schmerzhaft, als wenn ein Schwert in der Wirbelsäule steckte.

Dann kamen die vielen Vorstellungen bei den „Vertrauensärzten" für meine Rente, die ich beantragen musste. Viel Schriftkram war zu erledigen. Beim Aufräumen meiner Sachen aus der Reha fiel mir die „Gute Nachricht" wieder in die Hände. Ich las, dass dazu Begleithefte und ein Leseplan gehörten, und bestellte diese.
Abends im Bett fing ich an, die täglichen Lektionen mit den dazu gehörigen Erklärungen und auch Fragen zu lesen. Das wurde für mich so spannend, dass ich manchmal vier Lektionen auf einmal las. Ich fühlte mich plötzlich durch die Worte Jesu sehr angesprochen. Es war so, als wenn ER mich ganz persönlich meinen würde. Er sprach mich an. Diese Worte passten in mein Leben, das erkannte ich.

Bis zum Frühjahr 1993 hatte ich noch viele Alb-
träume, die mich erschütterten. Ganz gravierende
Träume bekommen in meinen Traumbüchern
Eigennamen, z. B. die „Schneewittchen-Träume": Ich
träumte zweimal, dass ich wie Schneewittchen in
einem gläsernen Sarg liege, lebendig. Einmal in der
Küche meines Elternhauses, und einmal auf dem
hiesigen Friedhof. Die Menschen laufen eifrig herum
und bemerken nicht, dass ich lebendig in diesem
gläsernen Sarg liege.

Dann kam endlich der Traum, der mich befreite, der
„Königstraum", der nach drei schweren Jahren alles
veränderte. Mit einem Schlag erhielt ich mein
verlorenes Urvertrauen zurück, ich wusste nach
diesem Traum: ER hält und führt mich!

Der Traum:

Ich gehe eine große Freitreppe, auf der ein roter Teppich liegt, in ein Schloss hinauf, trete in eine große, prachtvolle Empfangshalle. Weißer Marmor. Eine breite Freitreppe führt in obere Räume. Ich gehe hinauf.

Im ersten Raum ist auf der rechten Seite ein Schützenball, da will ich nicht bleiben.

Eine weitere Treppe führt links hoch, da spielt eine Jazzband, da will ich auch nicht bleiben. Die nächste Treppe hoch, da ist irgendein Kaffeeklatsch. Auch das passt mir nicht.

Ich gehe wieder alle Treppen hinunter in die Empfangshalle.

Da steht nun eine Königsfamilie. Ich gehe auf den König zu und sage zu ihm: „Ich will mit dir tanzen!"

Er schaut mich eine Weile an, sieht zu seinem Sohn rechts herüber und weist ihn an: „Geh du mit ihr!"

Der Königssohn kommt auf mich zu, sieht mich liebevoll an und sagte: „Komm mit mir!" Er nimmt mich an meine linke Hand.

Ich gehe mit ihm ein Stück durch die schöne Empfangshalle und will nach oben, wo die Musik spielt.

Er bleibt stehen, schaut mich wieder ganz lieb an und zeigt in die entgegengesetzte Richtung nach rechts. Vor uns liegt ein langer, dunkler Gang. Am Ende strahlt ein schönes, weiß helles Licht.

„Komm!" sagt der Königssohn wieder zu mir.

Wir gehen Hand in Hand zuerst durch das Dunkel, dann durch das helle Licht ins Freie. Vor uns liegt eine nicht endende Frühlingswiese im Sonnenlicht. Für uns beide ist ein zweispuriger Weg im Gras eingezeichnet. Die Spur ist eingefahren, erdig.

Immer wieder schaut mich der Königssohn liebend an. Wir gehen gemeinsam diesen Weg. Einmal drehe ich mich um und entdecke, dass uns zwei Frauen folgen. Eine Schwarzhaarige und eine Blonde, meine Schatten.

Der Königssohn drückt meine linke Hand, sieht mich wieder zärtlich an und sagt zum dritten Mal: „Komm mit mir!"

Ich war nach diesem Traum tagelang in Euphorie, konnte mein Glück kaum fassen! Besser ging es nicht: **Er führt mich – Er ist immer bei mir! Er liebt mich, wie ich bin**, mit meinen Schattenseiten!

Kurze Zeit später hatte ich wieder einen einschneidenden Traum: Die Telefonnummer! So etwas hatte ich in den letzten drei Jahren noch nie geträumt. Das konnte doch nicht wahr sein:

Ich befinde mich im Nachbardorf, Kriegszustand, Panzer, Soldaten …

Eine Stimme sagt zu mir: „Fahr zu einer Ärztin nach Münster." Ich entgegne: „Nein, ich will nicht mehr, ich bin die Ärzte leid, die können mir auch nicht helfen." „Dann ruf wenigstens an, 585 ..."

Ich wurde morgens wach, auf meinem Notizblock stand die Telefonnummer, die ich in der Nacht aufgeschrieben hatte. Gleich fiel mir der Traum wieder ein. „Das mache ich aber nun wirklich nicht mit", dachte ich, „wie soll ich mich der Ärztin, wenn die Telefonnummer stimmt, erklären?"
Meine Neugier siegte. Ich rief dort an, die Vorwahl von Münster kannte ich ja, denn meine zwei Kinder studierten dort.
Eine junge Frau meldete sich. Ich fragte nach einer Ärztin, wohl Fehlanzeige? Als ich schon fast auflegen wollte rief die junge Frau plötzlich: „Stopp, ja, es gibt eine Ärztin unter dieser Telefonnummer, hier wurde schon mal versehentlich angerufen, aber sie wohnt in einem Vorort von Münster. Sie müssen bei der

münsteraner Vorwahl eine Null vor die letzte Eins setzen, so erreichen Sie diese Ärztin."

Mir brach der Schweiß aus, wie ein wilder Tiger rannte ich vor dem Telefon hin und her, soll ich oder soll ich nicht? Was kam da auf mich zu?

Wieder siegte die Neugier. Ich wählte. „Dr. ...", meldete sich eine sympathische Frauenstimme. Im Nachhinein völlig unwahrscheinlich, dass sie sofort an der Leitung war. Das machte sonst nur die Sekretärin.

Ich stellte mich vor und sagte: „Bevor ich Ihnen etwas von mir erzähle, möchte ich wissen, welche Fachrichtung Sie haben, ich erkläre Ihnen dann weiteres." „Ich bin eine Doktorin der Medizin und praktiziere klassische Homöopathie", antwortete sie.

Gut, dachte ich, passt, denn dazu hatte mir meine Ärztin in der Reha noch geraten. „Verstehen Sie sich auch zufällig auf Träume?", wollte ich wissen.

„Mein Spezialgebiet", bekannte die Ärztin.

„Ja, dann kann ich ihnen jetzt meinen Traum mit ihrer Telefonnummer erzählen!"

Sie hörte mich ruhig an. Dann herrschte Schweigen zwischen uns. Sie gab mir sofort einen Vorzugstermin. Diese Ärztin behandelte mich zwei Jahre, nur nach meinen Träumen. Zum Schluss der zahlreichen Sitzungen fragte sie mich, ob ich ihr die Erlaubnis geben würde, in ihrem Ärztekreis über mich zu sprechen. „Sie müssen mich verstehen, dass Ihr Erlebtes, diese Situation für mich eine große Herausforderung ist und war." „Ja, berichten Sie ruhig", stimmte ich zu, „sicher kann man anderen damit helfen."

In dieser Zeit bat mich eine schwer Alkohol-Suchtkranke, sie zu begleiten. Sie wollte keinen Arzt mehr, keinen Psychotherapeuten, nein, sie wollte mich. Ich rief den zuständigen Suchtberater des Landkreises an, denn ich wollte nichts falsch machen. Wie sollte ich wissen, wie ich mit einer

schwer Suchtkranken umgehen musste? Ärzte und
Therapeuten hatten ihr bisher nicht helfen können.
Der Leiter der Beratungsstelle war zufällig gleich
selbst am Telefon. Ich schilderte die Situation.
„Schaffen Sie es, mit der Frau herzukommen?",
fragte er mich. „Sicher", antwortete ich. „Was?",
fragte er erstaunt, „wirklich?"
Wir zwei waren da, aber die Suchtkranke log auf
einmal, stand nicht zu Ihrer Sucht. Ich war sehr
enttäuscht. Wir wollten gehen, da sagte der Berater:
„Aber *Sie*, Frau Hönemann, *Sie* möchte ich gern
kennenlernen!" „Mich, wieso?" „Können Sie jeden
Montagnachmittag für zwei Stunden zu mir
kommen?" „Zeit hätte ich jetzt", erklärte ich, „aber
ich kann nicht gut sitzen, dann werden meine
Schmerzen sehr stark ... auf dem Boden in der Ecke
geht es vielleicht." Doch mir kamen Bedenken: „Herr
B., Sie haben doch so viel mit den Suchtkranken zu
tun, Ihre Zeit!" Er erwiderte: „Das gönne ich mir mal
mit Ihnen."

So durfte ich zwei Jahre nicht nur die Suchtberatung erlernen. Unsere langen Gespräche haben uns beide sehr bereichert, besonders auch in Glaubensfragen. Der Berater war ein sehr offener, weit denkender, toleranter und humaner Mensch, ein praktizierender Christ, der auch mit Andersgläubigen Kontakte pflegte. Die schwer alkoholkranke Frau ist nach zwei Jahren meiner Begleitung „trocken" geworden. Sie ist jetzt sehr gläubig.

Eine ähnliche Erfahrung machte ich mit der Frau, die mich anrief und um ein Gespräch bat. Sie litt schon zwanzig Jahre an Depressionen und Ängsten. Sie war verzweifelt. Ich sagte ihr wie üblich: „Ja, ich kann kommen, aber ich kann nicht sitzen, wenn ich mich auf deine Couch legen kann?" „Sicher, bitte komm!" Ich lag drei Stunden bei dieser kranken Frau mit ihren Ängsten. Hörte das Geschehene aus ihrem Leben, ihrer Familie, gab einige Tipps und ging wieder. Einige Tage später rief sie ganz aufgeregt an:

„Hildegard, was hast du mit mir gemacht?"

„Was ist denn?", fragte ich.

„Stell dir vor, ich kann wieder Autofahren, bin einkaufen gegangen, zu Fuß durchs Feld habe ich es sogar geschafft, das alles konnte ich doch jahrelang vor lauter Ängsten nicht mehr."

„Siehst du!", sagte ich, „Wie ich dir sagte, wir müssen in die Angst hineingehen, sie zulassen, aushalten und uns anschauen, was sie uns sagen will!"

Wie glücklich diese Frau nun war, und ich auch.

Ab Frühjahr 1994 konnte ich wieder eine Stunde am Stück sitzen, natürlich waren danach die Schmerzen wieder stärker, aber es hielt mich nichts mehr. Ich wollte so viel wissen, fragen, suchen. Besonders reizt mich bis heute das Geheimnisvolle.

Auch zwanzig Semester Schreibwerkstatt waren unter den vielen Kursen und Seminaren, die ich fortan besuchte. In der Reha hatte ich ja zum Schreiben zurückgefunden.

In dieser Zeit machte mich ein Erlebnis im Diözesanmuseum lange nachdenklich:

Der weiße Fleck

Sterile Luft lag wie eine Glocke über den Räumen. Keimfrei, staubfrei. Statuen und Bilder sahen mich an. Verhaltene Stimmen. Unsere theologische Studiengruppe staunte und tuschelte erregt. Unser Museumsführer führte uns zu verschiedenen abstrakten Gemälden. „Was will der Maler uns wohl mit diesem Bild sagen?", fragte er bei jedem Gemälde das wir betrachteten. Dann gingen wir auf ein Bild zu, dass mich sofort in seinen Bann zog. Wieder kam die Frage: „Was soll dieses Bild wohl bedeuten?" Die anderen aus unserer Gruppe zogen nach einer Weile fragend die Schultern hoch. Der

Leiter wollte es schon erklären, aber ich sagte:
„Einen Augenblick, ich habe es gleich, bitte!"
Angestrengt sah ich auf die Details des Gemäldes,
die schwache Konturen zeigten.

Ich sah so etwas wie Flügel, eine kniende Gestalt,
gefaltete Hände, und was mich am meisten
faszinierte war, dass diese Gestalt ein „leeres"
Gesicht hatte, es war einfach leer, keine Konturen,
ein weißer Fleck!

Eine Eingebung sagte mir, dass dieses Bild eine
biblische Szene darstellte. „Na, was ist denn nun?",
fragte der Leiter ungeduldig. „Warten Sie, noch
nichts sagen, ich habe es gleich", erwiderte ich.
„Ja, das ist es", hörte ich mich sagen, „ja!" „Was?"
„Es ist die Verkündigung Mariens. Ja, das ist es!",
stellte ich überzeugt fest. „Und was soll der weiße
Fleck hier?", fragte er und zeigte dabei auf das leere
Gesicht. Stille. Ich: „Das ist, das ist, ja ... weil jeder
von uns die Gestalt sein könnte, jeder von uns
könnte in seinem Leben eine Verkündigung

erfahren, da könnte jedes Gesicht hinein gemalt werden, darum ist es weiß, leer," sagte ich sicher.

Knisterndes Schweigen.

„Kannten Sie dieses Bild schon?" „Nein, ich sehe es heute zum ersten Mal, wer hat es gemalt?"

Der Mann nahm den Zettel fort, den er über die Signatur und den Titel des Bildes gehalten hatte.

„Sehen Sie", sagte er, „es ist von Dali und heißt ‚Die Verkündigung', Sie haben recht!"

Der weiße Fleck sah mich herausfordernd an.

Auch in Werl, im Seminarhaus der Franziskaner, erlebte ich erstaunliche Dinge. Dort war ich sehr gern. Einmal standen wir im großen Empfangssaal, ein Kreis wurde gebildet. Wir wurden begrüßt, etwa hundert Teilnehmer waren zu verschiedenen Seminaren angereist. Ich ging anschließend hinaus, um in meinen Gruppenraum zu gehen. Da stürzte eine grauhaarige, zierliche Frau auf mich zu, fasste an meine rechte Schulter, drehte mich zu sich hin und fragte mich fast entsetzt: „Was machen Sie von Beruf?" Ich: „Gar nichts!" Ich war nämlich gerade mit sechsundvierzig Jahren Rentnerin geworden. Sie stand vor mir, sah mich an wie einen Geist und rief: „Sie stehen in einem ganz großen Licht, ganz hell!" Schnell wandte ich mich ab, auf die Toilette zu, weil ich damals dachte, die Frau phantasiere, hier liefen ja allerlei Menschen herum. Schnell ging ich in den Seminarraum.

Da ging es dann schon weiter. Wir saßen mit etwa zehn Frauen im Kreis, und eine nach der anderen wurde vom leitenden Pater gefragt: „Wie möchtest du sein?" Ich war noch von dem Vorfall auf dem Flur nachdenklich und in mich gekehrt, da hörte ich meinen Namen. Mir gegenüber saß eine Frau mittleren Alters, die mit dem Finger auf mich wies und sagte: „So wie *die Frau* möchte ich sein!" „Was soll das denn wieder", dachte ich, „hört das denn heute gar nicht auf?" Der mir bekannte Pater schaute mich an und meinte mit erhabener Stimme: „Ja, Frau Hönemann, die ist wie eine voll aufgeblühte Rose und verschleudert nur so ihren Duft!"

Ich zog mich seit diesem Empfangserlebnis so weit es möglich war zurück. Mehr denn je sehnte ich mich nach Ruhe.

Ein anderes Mal bei den Franziskanern lernte ich eine Witwe kennen. Sie war 72 Jahre alt und noch in tiefer Trauer um ihren vor 14 Monaten verstorbenen Mann. Sie schaffte es nicht, ihre Trauer zu überwinden. Das hatte sie mir in der Mittagspause erzählt.

Beim Abendessen sagte ich zu ihr: „So Ingrid, ich lade dich heute Abend ein, ich habe mir einen Hausschlüssel besorgt." „Wohin denn?" fragte sie. „In ein Weinlokal hier in der Fußgängerzone, ich habe mich erkundigt. Du bist doch so gern mit deinem Mann in eine Weinstube gegangen."

Sie wollte erst nicht. Nach freundlichem Bitten kam sie mit. Wir bestellten uns beide ein Glas Wein. Es war nett dort. Ruhig. Ich sagte zu meinem Gast: „So, jetzt erzähl deine Trauergeschichte weiter, ich höre zu!" Sie erzählte fast drei Stunden, von ihren schönen Reisen und den gemütlichen Weinlokalen. Ich stellte nur einige Zwischenfragen, um das Gespräch ein bisschen zu lenken. Schließlich meinte ich: „Dein Mann ist sicher da oben sehr traurig!"

„Wieso?", fragte sie. „Ja, wenn ihr zusammen so schöne Reisen gemacht habt, und jetzt sitzt du traurig zu Hause herum, gehst nirgendwo mehr ohne ihn hin. Ich glaube er ist sehr traurig, denn er möchte das sicher nicht so. Er kommt auch nicht zur Ruhe, weil du ihn nicht loslässt!"

Später traten wir vor die Tür. Auf einmal fing die Frau laut an zu rufen, während sie mich in ihre Arme schloss: „Du bist mein Engel, du hast mich erlöst!" Wir nahmen uns in die Arme und tanzten auf der Straße.

Eine Woche später rief ich sie zu Hause an um zu fragen, wie es ihr gehe. Die Worte sprudelten nur so aus ihr: „Mit Freundinnen ein Weinlokal besucht, eine Reise gebucht ..." Wunderbar!

Ich glaubte allmählich, dass freundliche Zuwendung, bedingungslose Liebe, eben gute Energie, heilt.

Aber es kam noch erstaunlicher.

Im Jahre 1995 hatte ich über zwölf Monate eine komplizierte, schmerzhafte Biss-Regulierung. Einige Zähne mussten dazu gezogen werden. Bei einem davon lag der Nerv vierzehn Tage lang offen. Sechzehn Zähne mussten abgeschliffen und verkront werden, viele Abdrücke waren nötig. Zum Schluss hatte ich Schmerzen im ganzen Kopf.

Das hielt ich einige Wochen aus und musste dann doch als Notfall ins Krankenhaus auf die Neurologie-station. Der diensthabende Notarzt nahm mich auf, kam rasch zu meinem Bett und sprach sehr lange mit mir. Es war ein einfühlsamer, menschlicher Arzt.

Ich hatte ihn zuvor um ein Einzelzimmer gebeten: „Bloß keine Menschen mehr, ich will und muss allein liegen!" Es gab kein Einzelzimmer mehr, so versprach er mir dafür zu sorgen, dass ich einige Tage allein auf einem Dreibettzimmer liegen dürfe. Am vierten Tag kam der Arzt in mein Zimmer geeilt und sagte: „Frau Hönemann es geht nicht mehr, wir sind voll belegt. Wir haben aber genau überlegt, wen wir zu Ihnen aufs Zimmer legen."

Was sollte das wieder?

Dann wurde Katja im Bett hereingeschoben. Sie lag darin, aber sie war gar nicht bei sich, weit weg. Der Arzt fragte mich, ob ich so weit wäre, dass ich mich nah an ihr Bett setzen und zu ihr sprechen könne. Katja sei erst fünfundzwanzig Jahre und habe zwei kleine Kinder. Sie habe eine Hirnhautentzündung und hätte dadurch das Gedächtnis, die Sprache und die Bewegung verloren. „Ich versuche es", versprach ich und tat es gleich, als der Arzt das Zimmer verließ. Eine andere Frau wurde noch auf das Zimmer gebracht. Ich fragte Katja etwas, aber es gab wirklich keine Reaktion, da war gar nichts zu machen. Nachmittags kam der junge Ehemann mit den beiden kleinen Kindern. Er sprach Katja an, nichts. Die beiden Kinder starrten mit großen, verängstigten Augen ihre leblose Mutter an.

Ich erklärte dem jungen Mann, dass ich Katja etwas erzählen solle, der Arzt habe mich darum gebeten. Ich fragte nach Namen aus der Familie und nach persönlichen Daten wie Geburtstagen, Orten und schrieb alles auf. Ich setzte mich nach dem Besuch an Katjas Bett und zählte alles auf, was der Mann mir mitgeteilt hatte. Ich wiederholte es ständig, sah sie dabei an und hielt ihre Hand. Am anderen Tag kam der Logopäde, es war nichts zu machen und auch er war bestürzt, was diese Frau und ihre Familie erleben mussten.

Zwei Tage habe ich dann intensiv mit Katja verbracht. Auf einmal gab sie mir Antworten. Alles, was ich ihr an Daten aus ihrer Familie vorgesagt hatte, konnte sie plötzlich wiederholen. Vor Rührung kamen mir die Tränen und ich nahm Katja freudig in den Arm.

Am nächsten Tag kam der Logopäde wieder. Katja saß putzmunter im Bett und erzählte unentwegt und lachte. Sie musste einige Schritte im Zimmer umhergehen, alles war so als sei nichts gewesen.

Der Logopäde war außer sich, sah den Doktor an, drehte sich im Zimmer umher, schaute sich verstört suchend um und murmelte immer wieder: „Was ist denn hier auf dem Zimmer los, so etwas habe ich in meiner ganzen Laufbahn noch nicht erlebt, unglaublich!" Der Arzt zeigte auf mich und sagte zu dem Logopäden: „Das ist Frau Hönemann."

Der Logopäde schaute mich völlig ratlos und gleichzeitig überrascht an. Er murmelte immer wieder: „Unglaublich, unglaublich, so etwas habe ich noch nicht erlebt." Ich dachte: „Ich auch nicht!" Was war das eigentlich, was sollte ich davon halten? Ich wusste es damals noch nicht.

Als die beiden aus dem Zimmer gingen hörte ich, wie der Arzt zu dem Logopäden sagte: „Sie muss ihr Unterbewusstsein erreicht haben!"

Etwa ein Jahr musste ich mit den schlimmen Trigeminusnerv-Schmerzen im Kopf leben. Tabletten dämpften alles ein wenig. Seitdem bin ich sehr geräuschempfindlich geworden, sehe auch kein Fernsehen mehr. Das fehlt mir aber auch nicht, ich sehe nah schon viel zu viel.

1997 wurde es dann endlich besser, sofort verspürte ich wieder diesen Tatendrang. Meine Gedichte hatte ich gesammelt, ich brauchte sie nur noch nach Themen ordnen und zu dem Verlag in Berlin senden. Damals alles noch mit einer Schreibmaschine, ohne PC. Meine Dozentin der Schreibwerkstatt schrieb auf meine Bitte gern das Vorwort, darüber habe ich mich besonders gefreut.
Ich wusste auch gleich den Titel: „Flieg doch – flieg!" Untertitel: Gedichte vom Aufbruch.
In der Therapie 1990 wurden mir doch im ersten großen Traum diese Worte zugerufen. Der Verlag schlug stattdessen den Titel „Menschen sind wie

Bäume" vor, weil ein Gedicht in meinem Buch so betitelt war. „Nein", sagte ich, das Buch heißt: „Flieg doch – flieg!" Es war gut so. 1998 erschien das Buch. Ich gab einige Lesungen hier in der Region. Die Resonanz war positiv.

Nachdem ich mich auf eine Ausschreibung hin beworben hatte erhielt ich 1999, mit dreiundfünfzig Jahren, ein Stipendium. Die in den achtziger Jahren sehr bekannte Poetin Christiane Allert-Wybranietz lud mich in ihr Haus in Rolfshagen (Auetal) bei Hannover ein. Noch vier andere Schriftsteller waren gekommen, aus München, Berlin, Stuttgart und Wien. Ich kam aus dem kleinen Dorf Horn bei Erwitte. Es war eine interessante Woche.
Nach einer Leseübung meinte die Gastgeberin: „Hildegard, du solltest eine Wortmeditation aufnehmen, du hast eine Stimme dafür."
Was ich alles machen sollte!?

Durch mein Schreiben in der Schreibwerkstatt
bekam ich auch Kontakte zu Künstlern. Wir
veranstalten gemeinsame Projekte. Ich fand Zugang
zur Kunst seitdem ich meine Träume verstand.
Einige große Künstler haben ihre Träume gemalt. Ich
verwende auch gern Sprachbilder in meinen
Gedichten, die verstehen aber nur Menschen, die
ein Gespür dafür haben.

Die Welt der Kunst ist eine Welt des Traumes.

Ernst Raupach

Einmal haben wir Teilnehmer unserer Schreibwerkstatt in Beckum mit unseren Gedichten eine
Finissage mitgestaltet. Wir standen hinterher in
lockerer Runde zusammen. Da fragte mich eine
Zuhörerin: „Sagen Sie mal, wie kommt das, dass Sie
so gut Gedichte schreiben können?" Ich: „Das ist ein
großes Hobby, es spricht so in mir!" Meine Dozentin
stand neben mir und sagte entrüstet:

„Frau Hönemann untertreibt mal wieder, das ist bei ihr eine totale Berufung!"

2000 ging es mir wieder sehr schlecht. Monatelang war ich stärkster Lärmbelästigung ausgesetzt, hinter unserem Haus wurde eine Baustraße fertig gestellt. Der Boden gab nach, was die Bauphase in die Länge zog. Einmal zählte ich die tätigen Maschinen, es waren zwölf! Alle ratterten und machten unglaublichen Lärm. Im Haus hielt ich es nicht mehr aus, alles vibrierte darin.

Bei meiner Vorgeschichte mit den Trigeminusnerv-Schmerzen führte das dazu, dass ich völlig abbaute und Medikamente einnehmen musste. Wieder zur Ruhe gezwungen!

Das Jahr 2000 wurde zum Wendepunkt, war aber zunächst voller Konflikte. Ich lernte in unserer Dorfkneipe einen jungen Mann kennen. Mein Mann und der Wirt unterhielten sich über Heimwerken, für mich war es sehr langweilig, ich empfand die Zeit so ungenutzt. Ich unterhielt mich gern mit den Menschen über ihr Leben, über Gott und die Welt. So schaute ich mich gelangweilt um. Links neben mir saß ein sympathischer, jüngerer Mann, den ich noch nie in unserem Dorf gesehen hatte. Ich lerne gerne neue Menschen kennen, und so sprach ihn direkt an: „Was bist du denn für einer?" Er lachte. „Ich bin M. und bin wegen meines großen Hundes hierhergezogen." Wir versanken in ein interessantes Gespräch, welches uns beiden guttat. Ich merkte, dass der Mann viel in sich verwahrte. Kurz und gut, wir mussten uns verabschieden, davor lud ich ihn aber zu uns nach Hause ein. Die Art des Gespräches war für eine Kneipe einfach zu persönlich.

Er kam prompt, und immer wieder. Ich musste ihm einfach helfen mit seiner leidvollen Geschichte. Die war gewaltig, damit wurde er allein nicht fertig. Sein Leben stand auf dem Spiel, er war gefährdet.

Im Dorf verbreiteten sich fiese Lügen, ich würde mit
M. fremdgehen. Es war eine schöne aber auch
schlimme Zeit, sogar die Eheberatung musste ich
aufsuchen, um Schutz und Hilfe zu bekommen. Ich
verstand das alles nicht, denn ich habe immer gern
geholfen. Warum sollte ich denn keinem jungen,
hübschen und intelligenten Mann helfen? Ich blieb
standhaft und ließ mich nicht vom Dorfgetratsche
abschrecken.

Trotz all der Widerstände und Probleme, in dieser
Zeit gewann ich meine Lebensfreude zurück. Das
habe ich M. zu verdanken, denn wir waren trotz
allem froh und launig wie unbekümmerte Kinder,
machten verrückte aber harmlose Dinge.

Und vor allem erhielt ich durch ihn mein
Selbstwertgefühl zurück, das durch meine Krankheit,
mein nicht mehr Funktionieren, sehr gelitten hatte.

Da war auf einmal ein Mensch, der meine
Fähigkeiten, mein Wissen, meine Erfahrung, meine
Art schätzte, der mich annahm wie ich bin.

M. verehrte mich, nicht als Frau, sondern als Menschen. Er hätte ja mein Sohn sein können. Wir freuten uns aufeinander. Er brachte mir Wertschätzung entgegen, was neu für mich war. Wir führten ehrliche, offene, stundenlange Gespräche über unser Leben, die Weltreligionen, die Menschheitsgeschichte. Er war schon viel in der Welt umhergereist. Ich als „Landei" hörte ihn gern davon erzählen. Wir kamen auch immer wieder auf Glauben und Kulturen zu sprechen. Dass ich diese Themen in vielen Seminaren geradezu inhaliert hatte war eine gute Basis für den Austausch von Erfahrungen und Gedanken.

Es gab aber auch in dieser Zeit drei Todesfälle in seiner Familie, die M. sehr zu schaffen machten. Das war hart. Er hat oft an meiner Schulter geweint. Das berührte mich sehr. Ich bewunderte seinen Mut, als Mann so offen seine Gefühle zeigen zu können. Außerdem ermunterte ich ihn, seinen Traum endlich zu verwirklichen: Weg aus Deutschland, in sein

Traumland, einfach nur weit weg von hier. Er machte es wahr. Acht Monate begleitete ich ihn dort per Email und in einigen Telefongesprächen. Aber das Wichtige: Ich war der „Geldtransporter". Seine Adoptiveltern, die keine Ahnung von Auslandsüberweisungen hatten, überwiesen das für ihn bestimmte Geld auf mein Konto, und ich leitete es weiter in das ferne Land, damit er dort seine Angestellten bezahlen konnte.

In der Zeit habe ich aufgehört Seminare zu besuchen. Es wurde mir zu viel. Was ich unbedingt wissen wollte, glaubte ich jetzt zu wissen.
Ich wollte fortan froh und frei leben.

Wir dachten viel über unsere Freundschaft nach, weil keiner von uns jemals so eine intensive, nahe, geheimnisvolle Verbindung erlebt und gefühlt hatte. Es war auch etwas anderes als das, was man für gewöhnlich unter Liebe versteht. Wir wussten es einfach nicht. Wir wussten wohl, dass wir uns abgrundtief kannten, akzeptierten, respektierten, so als würden wir uns schon ewig kennen.

Irgendwann las ich in einem Literaturband, den ich für eine gehaltene Lesung geschenkt bekam, folgenden Text von Jean Cocteau (1889-1963):

> *Ich frage mich, wie die Leute das Leben der Dichter beschreiben können, da doch die Dichter selber ihr eigenes Leben nicht zu beschreiben vermögen. Es gibt darin viel zu viel Geheimnisvolles, zu viele wahre Lügen, zu viel Verstrickung.*
> *Was soll man über sehr innige Freundschaften sagen, die man mit Liebe verwechseln muss, die doch etwas anderes sind, über die Grenzen zwischen Liebe und Freundschaft, über jene Zone des Herzens, an der unbekannte Sinne teilhaben, und das keiner von allen, die ein Seriendasein leben, je begreifen kann? Daten greifen ineinander über Jahre, verwirren sich. Der Schnee schmilzt, die Füße sind beflügelt, es bleiben keine Spuren zurück!"* [3]

So viele Worte dachte ich, für mich ist es einfach eine *Seelenverwandtschaft!*

Endlich wussten wir unsere Freundschaft zu verstehen. Dieser Jean Cocteau konnte es in Worte fassen. Ich war erleichtert zu wissen, dass es so etwas gibt.

M. zog dann nach seinem Auslandsaufenthalt Ende 2005 in die Stadt. Dies kleine Dorf war ihm zu konservativ, zu eng geworden, zu viel unwahres Gerede. Er ging dann mutig und forsch seinen Weg, hat sein Leben aufgeräumt, packte es an. Er hat sogar seine leibliche Mutter wiedergefunden, die dachte, er sei seit 40 Jahren tot. Sie heißt auch Hildegard und ist so alt wie ich! Also Zufälle gibt es für mich nicht mehr, nein, es wären in meinem Leben zu viele davon gewesen, für mich sind es sorgsame Fügungen. Wir haben heute noch Kontakt, denken aneinander.

Freunde sind Engel, die uns auf die Beine

helfen, wenn unsere "Flügel" vergessen

haben, wie man fliegt.

- Spruchweisheit -

Ein Freund ist ein Mensch, der die Melodie

deines Herzens kennt und sie dir vorspielt,

wenn du sie vergessen hast.

Albert Einstein

Gott sei Dank hatte ich auch in dieser Zeit schon meinen geistlichen Begleiter Pastor D. Ich war nämlich kurz davor, aus der römisch-katholischen Kirche auszutreten. Ich bezweifelte die Vorschriften, Kirchengesetze, diese Hierarchien, dieses Machtgehabe, Konservative, diesen Dünkel, die roten Schuhe des Papstes ...

Für mich war ganz allein Gottes Wort, die gute Nachricht, ausschlaggebend, und nicht was die Menschen daraus gemacht hatten.

Zum Ursprung müssen wir zurück, dachte ich, und sagte das auch öfter im Bibelkreis. Ich zweifelte an der „bürokratischen" Kirche. Ich kämpfte mit mir. Aber in vielen Gesprächen hat mich der Pastor sehr gut verstanden und geführt. Bei meinen vielen wegweisenden Träumen und geheimnisvollen Erlebnissen brauchte ich auch diese Begleitung, um nicht irre zu gehen. Es war alles sehr viel für mich.

In dieser Zeit wurde ich durch eine Bekannte zu einer Frau, die verschiedene spirituell ausgerichtete Seminare gab, nach Arnsberg eingeladen. Eine wichtige Erfahrung. Die Frau wollte mich von meinem „Heiland" auf die Engel umpolen, weil es doch ein „Engel-Seminar" war. Ich blieb standhaft: „Nein, mein Heiland ist mein Heiland, weil er mich heil gemacht hat." Sie sagte zu mir: „Sage nicht immer Heiland, sage bitte Jesus Christus!" Ich: „Nein, es ist eben mein Heiland und Lehrer!"

Ich fühlte mich schnell nicht mehr wohl, weil ich auch bemerkte, dass meine Bekannte von dieser Frau abhängig wurde. Ich warnte sie: „Alles liegt in dir selbst!"

Zum Schluss des Seminars sagte die Leiterin zu mir: „Mach weiter so, ER hat zu mir gesagt: ‚Ihr beiden seid ein gutes Team!'"

Mein geistlicher Begleiter fragte mich, nachdem ich ihm von diesem Seminar erzählt hatte, „Wie gehen Sie damit um?" Ich: „Ich urteile nicht darüber, ich lasse das einfach stehen, viele Wege führen zu Gott! ER hat ein Auge darauf."

Eigentlich hatte ich dieses Energie-Seminar nur besucht um zu lernen, wie ich mich schützen kann. Des Öfteren hatte ich gemerkt, dass manche Menschen mir sehr viel Energie rauben. Diese Leute sind durchweg negativ gestimmt, unzufrieden, aggressiv. Ich begegnete solchen Menschen auch in der Stadt, bei großen Veranstaltungen oder bei meinen Lesungen. Ich wurde dann immer schwächer und bekam auch Schmerzen.

Mir fiel auch der Ausspruch eines Vertrauensarztes ein: „Sie brauchen eine Rüstung!" Was hatte er damit wohl gemeint?

Erst im Nachhinein habe ich das alles verstanden. Gott sei Dank gab es immer kompetente Menschen, Fachleute, die mich begleiteten.

Nun habe ich meine Rüstung, es ist die Rüstung des Glaubens, wie es auch in der Bibel steht (Eph. 6, 10-20).

Eine Erläuterung dazu aus der „Guten Nachricht":

Gegen die Mächte dieser Welt brauchen
Christen eine gediegene geistliche
Ausrüstung. Die dazu nötige Ausstattung

wird hier beschrieben im Bild der Waffen-
rüstung eines damaligen römischen Fuß-
soldaten. Alle aufgezählten menschlichen
Eigenschaften sind zum Schutz und zur
Verteidigung bestimmt; die einzige
„Angriffswaffe" ist das Schwert des Wortes;
das von Gottes Geist eingegebene rechte
Wort zur rechten Zeit.[4]

Immer wieder fielen mir auch meine wegweisenden
Träume ein, die später wahr wurden. Das war alles
nicht einfach für mich, es fiel mir nicht leicht, die mir
geschenkten Fähigkeiten anzunehmen, was sollte
denn noch alles kommen? Schaffte ich das alles?
Ich fühlte mich dieser Gaben nicht würdig, weil ich
manchmal auch wild und ungestüm war. Früher bin
ich beim Feiern über Tische und Bänke gegangen.
Ich konnte manchmal selbst nicht glauben, was mit
mir geschah!

Den Traum mit der Paracelsus-Schule in Münster möchte ich noch erzählen:

Ich träumte, ich sei in meinem Mädchenzimmer im Elternhaus. Die Freundin meiner Tochter betritt mein Schlafzimmer und sagt zu mir: „Ich werde die Paracelsus-Schule in Münster besuchen."

Am nächsten Morgen dachte ich darüber nach. Die Freundin konnte nicht gemeint sein, vielleicht ich? Ich war es inzwischen gewohnt, nach meinen Träumen zu handeln, ich war sicher darin geworden. Also rief bei der Schule an und bat um die Zusendung einer Broschüre über die Erlernung des Berufes der Heilpraktikerin. Erst als der Brief ankam fiel mir ein, dass ich als voll erwerbsunfähig eingestufte Rentnerin überhaupt keinen Beruf mehr ausüben konnte und durfte. Was sollte das also wieder?

„Wie immer, abwarten, du bekommst schon irgendwann deine Information von OBEN."

Ich brauchte gar nicht lange warten.

Meine Tochter kam zu Besuch. Wir saßen zusammen
im Wohnzimmer, da fing sie zögernd an.
„Du, Mama, ich will noch ganz was anderes machen,
lernen!"
Bei mir gingen sofort alle Lampen an.
„Ja", sagte ich, „das weiß ich bereits."
„Mama, hattest du wieder einen großen Traum?",
staunte meine Tochter. Ich sagte gar nichts und ging
in mein Schreibzimmer, holte den Prospekt der
Schule und überreichte ihr ihn mit den Worten:
„Mach es, Kind!"
Sie sah mich wie einen Geist an. Übrigens: Sie ist
eine gute Heilpraktikerin (und noch mehr)
geworden.

Dann kam das schlimme Jahr 2006. Es war aber auch das größte, wichtigste Jahr. Ich hatte eine **Vision**.

Aber der Reihe nach.

Ich hatte in dem Jahr viele unangenehme Untersuchungen, die jedoch zu keinem Ergebnis führten. Ich war sauer. Dann kam eine weitere Hiobsbotschaft. Ohne Vorwarnung hieß es beim Augenarzt plötzlich: Sofort operieren, grauer Star auf beiden Augen. Am anderen Tag war mein Augenarzt im Urlaub. Hinzu kam noch eine arge Lärmbelästigung, direkt unter meinem Schlafzimmerfenster, von morgens bis abends, wochenlang. Ein Kompressor, dazu das nervige Geschrei des Bauleiters. Es ging bei mir gar nichts mehr, ich musste vor Schwäche und Schmerzen liegen.

Dazu kam eine große Angst um meine Augen. Ich dachte an das Schreiben. Ich besprach alles mit meinem guten Hausarzt, aber die Schmerzen wurden so gewaltig, dass ich nicht mehr in ein normales Krankenhaus wollte, sondern in eine richtige Schmerztherapie. Aus Erfahrung wusste ich, dass das sein musste. Vorher kam noch ein neuer Physiotherapeut als Nothilfe zu mir ins Haus. Das sollte auch so sein, er behandelt mich noch heute. Seine Hände kann ich vertragen.

Endlich kam ich in eine richtige Schmerztherapie nach A. – mit merkwürdigem Beginn:
Ich hatte gerade das Zimmer bezogen, lag im Bett, da stand die Schwester in meinem Zimmer und fragte mich, was ich möchte. „Gar nichts!", ich wollte einfach nur meine Ruhe haben. „Aber Sie haben gerade geschellt!" „Ich? Wieso? Habe ich nicht!" Dann das gleiche wieder. Ich war es leid, stand auf und stellte mich an die Wand, sodass ich gar nicht das Telefon berühren konnte. Da stürmte die Schwester wieder herein. Sie erkannte die Situation, ich stand ja an der Wand! Forschend sah

sie mich eine Weile an und sagte: „Ich habe doch sofort gemerkt, dass was mit ihnen ist!" Ich war zu schwach und voller Schmerzen um weiter darüber nachzudenken. Fortan wurde ich dort sehr fürsorglich behandelt.

Bei einer morgendlichen Gesprächsrunde wagte ich endlich, das erste Mal nach meinem Nahtoderlebnis von 1992 zu fragen. Vierzehn Jahre hatte ich mein Geheimnis mit mir herumgetragen. Ich wurde sofort zu einem Einzelgespräch geladen. Darin kam auch mein schwerer Unfall von 1983 wieder zur Sprache. Ich erlitt dabei ein Schleudertrauma und einen Schock. In der Reha 1993 im Saarland hatte ein Arzt mich danach gefragt, aber keine Lösung dafür gefunden.
Hier hieß es: „Sofort eine traumaspezifische Therapie beantragen und suchen, sonst wird das nichts mit Ihnen."
So geschah es dann.

Auch meine Ehe kam wieder ins Spiel. Nach einem langen Gespräch meinte die Ärztin: „Bleiben Sie bei sich, Sie brauchen gar keinen anderen, Sie haben so einen Reichtum in sich!"

Was die alles außerhalb meines Dorfes über mich sagten und merkten. Ich verstand das alles nicht, dachte viel darüber nach.

Mein linkes Auge wurde in dem Krankenhaus noch operiert und nach drei Wochen kam ich mit Opiaten, die ich langsam absetzen konnte, nach Hause. Noch total geschwächt, aber mit neuer Hoffnung.

Und dann erschien am 23. August 2006, morgens um ca. 8.00 Uhr bei vollem Sonnenschein, dieses gewaltige Licht in meiner offenen Schlafzimmertür. Ich lag ermattet im Bett, Augen geschlossen, als ich stark geblendet wurde. In der offenen Tür war es über und über hell. Ein ganz besonderes Licht, nicht gelb, nein, so weiß wie frisch gefallener Schnee im Sonnenlicht. Ich schaute gebannt in das Licht.

Und langsam formte sich darin eine Gestalt, immer deutlicher …

Es war Jesus, der Auferstandene!
Als strahlender Friedensfürst!

In der linken Hand die Friedensfahne, rechts die Hand zum Segen oder Gruß erhoben. Er ist so auf Bildern und in Statuen abgebildet, aber … er hatte noch etwas Besonderes in dem strahlenden Bild: **Große Flügel!** Vom Kopf bis auf die Erde. Sie waren nicht weiß, nein, sie waren vorwiegend erdfarben. Beige, braune, weiße Farbtöne.

Ich wusste nicht wie mir geschah, war sehr erschrocken, staunte. Ich kann nicht sagen wie lange ich diese Erscheinung ansah. Langsam, ganz langsam verschwand sie dann nach und nach.

Ich hätte gerne die Augen wieder geschlossen, damit ich das Bild verinnerlichen konnte. Da fing auch schon wieder die noch anhaltende Lärmbelästigung an. Schade!

Das Außergewöhnliche geschieht nicht
auf glatten, gewöhnlichen Wegen.

Johann Wolfgang von Goethe

Ich hatte einige Tage darauf noch einen Zusatztermin bei der Ärztin und Psychologin in der Schmerztherapie in A. Ich war sehr froh, mit einer kompetenten Person darüber sprechen zu können. Ich erzählte Ihr von der Erscheinung. Sie fragte mich: „Wissen Sie denn wirklich noch nicht um Ihre Fähigkeiten? Holen sie sich dieses Bild immer wieder!"

Das zweite Auge wurde dort dann auch noch operiert. Dann hatte ich endlich die Gelegenheit, auch mit meinem langjährigen geistlichen Begleiter über meine Vision zu sprechen. Er gab mir Teresa von Avila zu lesen und eine DVD vom Propheten Jeremia. Der Film hat mich so aufgewühlt, dass ich mit dem Pastor geschimpft habe, was er mir da zumutet habe. „Ja, so müssen eben die Propheten leben und leiden!"

Später wünschte er, dass ich meine Geschichte schreibe und veröffentliche. Ich hatte Schwierigkeiten damit, denn so kam alles Erlebte wieder hoch. Die Leute könnten sagen, so etwas gibt es doch nicht. Es gibt es aber, es ist alles so geschehen und wahr.

Das Schönste und Tiefste,
was der Mensch erleben kann,
ist das Gefühl des Geheimnisvollen.

Albert Einstein

Nach meiner Vision war ich wochenlang in Euphorie, die Schmerzen schwanden, einige Menschen meinten ich *strahle* ja richtig. Ich hatte keine Ängste mehr, später auch keine Sorgen. Ich fühlte mich erlöst von allem Weltlichen. Den vergänglichen Spaß brauche ich nicht mehr, er ist profan geworden gegen das, was ich jetzt innerlich empfinde: Es ist eine entspannte, stille Freude. Ein tiefer Frieden ist meist in mir. Alleinsein kenne ich auch nicht mehr. Ich bin nie allein, in mir habe ich alles was ich brauche: Gott!

Ich in IHM und ER in mir. Nur IHM gehöre ich! GOTT ist in JEDEM Menschen. Ich habe mein Herz für IHN geöffnet!

Nun ging ich die Verarbeitung meiner Traumata (mit EMDR) an. Es folgten 60 Sitzungen mit vielen Erklärungen über chronische Schmerzen und vieles mehr. Ich verstand jetzt, nach über 20 Jahren, endlich meine Schmerzkrankheit.

Mein Freund M. war ins Ruhrgebiet gezogen. Ich wusste noch nicht, warum ich Abschiede nur schwer verkraften konnte.

In der Therapie stellte sich heraus, dass ich ein starkes Trauma mit meinem geliebten Opa in mir trug. Er war nicht mein leiblicher Großvater, er war Bergarbeiter gewesen und arbeitete nach dem Krieg seit 1946, dem Jahr meiner Geburt, für Kost und Logis als Knecht auf unserem kleinen Hof. Als er krank wurde holten ihn seine Kinder ohne mein Wissen aus meinem Elternhaus zurück nach O., ein Abschied war nicht möglich.

Als er plötzlich weg war habe ich schrecklich geweint und getobt. Ich liebte ihn so. Er hat mich in meiner Kindheit beschützt und verstanden. Seine Liebe war für mich spürbar.

Nach der Traumalösung ist das Abschiednehmen leicht geworden. Keiner ist ganz fort, alle die wir lieben sind in unseren Herzen.

Wir sehen sie nur erst einmal nicht mehr.

Nach der Vision fühlte ich mich stark, sicher und war voller Vertrauen. Was sollte mir nun noch geschehen … doch es kam anders.

Schon im November 2007 ereilte mich eine gewaltige „Schmerzattacke". Morgens gegen drei Uhr musste ich dringend zur Toilette. Sie befindet sich fast direkt neben meinem Schlafzimmer. Ich eilte schlaftrunken durch den Flur. Auf einmal verspürte ich so einen starken Schmerz in meinem Rücken und im Bein, dass ich Sterne sah. Es war als wenn mich jemand an die Wand schleuderte. Ich schrie und brach zusammen.

Voller Schmerzen schleppte mich irgendwie zur Toilette, erbrach aus allen Öffnungen, wusste nicht wie mir geschah. Nach einer Weile wollte ich von der Toilette aufstehen um mich wieder hinzulegen, in der Hoffnung es würde besser werden. Aber ich konnte kaum aufstehen, mein rechtes Bein war wie gelähmt! Dazu kamen höllische Rückenschmerzen.

Die Malteser-Sanitäter kamen und es musste auch noch der Notarzt folgen, weil ich in diesem Zustand nicht die Treppe heruntergehen konnte. Der Notarzt spritze eine gewaltige Ladung Schmerzmittel. Mir wurde davon schlecht. In einem Tragetuch wurde ich in den Rettungswagen transportiert, liegend zur Schmerztherapie ins Krankenhaus nach S. gefahren. Die üblichen Untersuchungen folgten. Dann kam am dritten Tag ein Neurologe. Das Bein bekam langsam wieder Leben. „Sie müssen aber unbedingt die traumaspezifische Therapie fortsetzen", ordnete er an. „Das mache ich, ich bin ja gerade erst damit angefangen." Unsicher übte ich das Gehen wieder, immer an der Wand entlang. Ich lag im Bett um mich auszuruhen. Sie war gewaltig, diese „posttraumatische Belastungsstörung", wie es dann später hieß.

Die Tür meines Krankenzimmers wurde plötzlich aufgestoßen, ein Bett wurde hereingeschoben,

obendrauf vollgepackt mit Kleidung und einem
Koffer. Eine jammernde ältere Frau im Bett, die vor
Schmerzen erbärmlich weinte und schrie. Eine
Schwadron von Ärzten und Schwestern folgte.
Es herrschte eine schlimme Unruhe. Frau M. ließ
sich nicht beruhigen. Die Ärztin wollte ihr ein starkes
Schmerzmittel geben, doch sie winkte ab und
schimpfte: „Von dem ganzen Zeug wird mir nur
schlecht." „Die gute Medizin", bedauerte die Ärztin
und ging ratlos hinaus, die anderen hinterher, nur
ein Praktikant blieb da. Er war völlig hilflos und
überfordert. „Es ist jetzt das dritte Zimmer, in dem
wir es versuchen, keiner will diese schreiende Frau
haben", sagte er.

Ich stand mühsam auf, ging an das Bett der Frau und
sagte: „Ich weiß, was Sie durchmachen, ich kenne
das, darf ich Ihnen helfen?" „Ja, bitte, gerne." Sie
wurde schon ein bisschen ruhiger. „Soll ich Ihnen
mal zu einer bequemeren Lage verhelfen, diese ist
nicht gut für Sie." Ich nahm den großen Block, der

als Stufenlagerung dienen sollte, aus dem Bett heraus. „Wir haben hier nämlich Betten, die können wir elektrisch verstellen. Das geht gut!"

Ich bettete sie neu, fragte, ob sie sich mit meiner leisen Panflöten-Musik von den Schmerzen ablenken wolle. „Und einen nassen, kühlen Waschlappen auf die Stirn und Augen?" Sie war einverstanden. Ich nahm ihre Hand, wir schauten uns an und weinten zusammen. „Wie das Leiden Christi", dachte ich.

Der Praktikant wusste nicht, was er sagen sollte. Die Frau schlief gleich ruhig ein. „Sehen Sie", sagte ich zu dem Praktikanten, der Arzt werden wollte, „Zuwendung, Güte und Liebe heilen oft besser als teure Medizin. Sie sehen es ja selbst!"

Ich schlug der Frau vor, morgens zusammen mit mir am Tisch zu frühstücken. Sie litt tief in ihrer Seele, das spürte ich. Und so war es auch. Irgendwann, in einem passenden Moment, sagte ich zu ihr: „Frau

M., sagen Sie es doch, tief in ihnen ist etwas ganz Schweres, Leidvolles, das schleppen Sie schon lange mit sich herum, ich kenne mich damit aus!"

Um es kurz zu machen: Ihr depressiver Sohn hatte sich selbst getötet. Nach einigen vergeblichen Versuchen hatte er seinen Frieden gefunden. Das war nun unser Thema. Sie erzählte sich stundenlang alles von der Seele. Als ich entlassen wurde war sie sehr traurig. Ich bat den Praktikanten: „Seien Sie bitte sehr lieb zu Frau M. Wenn Sie das Essen bringen oder so, dann streicheln Sie sie bitte mal kurz. Sie haben ja gesehen, was Zuwendung bewirken kann." Er versprach es mir und ich versprach der Frau, sie zu Hause zu besuchen. Das tat ich auch kurze Zeit später, es ging ihr gut, sie war ruhig und zufrieden.

Oft habe ich darüber nachgedacht. Sollte ich vielleicht wegen dieser leidenden Frau ins Krankenhaus kommen, genau um diese Zeit auf diesem Zimmer liegen, um ihr beistehen zu können?

Und was waren das für gute Energien, die so schnell eine Heilung brachten? Wie geschah das?

Das wollte ich nun endlich wissen!

Mein Wunsch wurde erfüllt. Im Juni 2008 lernte ich meinen neuen Schmerzarzt kennen. Ich merkte sofort, dass wir zusammenpassen. Er nahm sich Zeit für mich. Ich konnte fragen was ich wollte, ich erzählte meine Erlebnisse und von meinen Träumen. Einmal meinte er: „Frau Hönemann, mit Ihren Fähigkeiten könnten Sie heutzutage einen Haufen Geld verdienen!"

„Ja, das will ich aber nicht, ich möchte meine Fähigkeiten einfach weitergeben, fließen lassen, einfach so, ohne Termine. Ich habe diese Gaben ja selbst von meinem Schöpfer *geschenkt* bekommen, also verschenke ich sie auch weiter!"

Der Doktor ist für mich ein weiser, spiritueller, kompetenter Arzt, er ist ein Mensch, der einfach guttut, mir hilft und mich lehrt. Nach und nach hat er mir viele Zusammenhänge meiner außergewöhnlichen Erfahrungen und Erlebnisse erklärt, endlich. Ich frage viel, will es genau wissen, dann kann ich besser damit umgehen. Mein Leben wurde dadurch richtig spannend. Der Arzt begleitet mich immer noch, dafür bin ich sehr dankbar.

2008 veröffentlichte ich mein zweites Buch „Schmetterlingszeiten – Werde der du bist!". Lesungen folgten. Es entstand ein Dauertermin in einem benachbarten Kurort.
Als ich zum ersten Mal dorthin fuhr war ich unsicher, weil ich mich so kraftlos fühlte. Ich betete ein bisschen frech: „Also mein Herr Gott, hilf mir jetzt, du musst durch mich sprechen, ich schaffe das heute nicht allein. Du hast mich auf diesen Weg geschickt, also dann hilf mir auch, bitte!"
Die Lesung verlief sehr gut, genauso die darauf monatlich folgenden. Zwei Jahre lang fuhr ich in

diese Klinik. Die Menschen dort freuten sich auf diese Stunde und sagten das auch weiter. Ich konnte dort mit vielen Kranken sprechen, sie trösten und informieren. Bis ich wieder gestoppt wurde.

In den Jahren 2010 und 2011 musste ich insgesamt drei große Operationen über mich ergehen lassen. Damit hatte ich nun wirklich nicht gerechnet, da ich doch Anfang des Jahres 2010 ganz offiziell in Liebe mein Leben in Gottes Hand gegeben hatte. Bereits 1992 hatte ich das ja schimpfend und weinend getan, als nichts mehr ging.

2010 wollte ich es wirklich aus tiefstem Herzen bewusst und mit meiner ganzen Liebe machen. Mein geistlicher Begleiter und Pastor segnete die Freundschaft zwischen Jesus und mir am Altar der Kirche. Ich hatte dafür extra einen Ring entworfen und schmieden lassen, der mich stets an meine Freundschaft mit Jesus erinnern soll.

Meine Freundin begleitete mich. Der Pastor sagte vor der Segnung: „Was jetzt geschieht, das kommt sehr selten vor." Meine Freundin war der Kirche schon lange fern, aber bei dieser Freundschafts-segnung wollte sie gern dabei sein.
Während des Geschehens liefen meine Tränen unaufhörlich.

Der Freundschaftsring besteht aus gelbem und weißem Gold. Einige mir wichtige Schmuckstücke ließ ich dafür einschmelzen. Mein Kommunionkreuz, den Fingerreif eines Siegelringes, den mir mein Mann zur Geburt unserer Tochter geschenkt hatte, und zwei Eheringe meiner verstorbenen Mutter flossen ein. Der erste davon war vom Arbeiten so abgenutzt, so schmal geworden, ins Fleisch gedrungen, dass er durchtrennt werden musste.

Bei der Gestaltung dachte ich an die Worte Jesu:

Ich bin der Weinstock und ihr seid die Reben.
Wer mit mir verbunden bleibt, so wie ich mit
ihm, bringt reiche Frucht. Denn ohne mich
könnt ihr nichts ausrichten.   Joh 15, 5

Im Sommer 2010 hatte ich eine schwierige
Wirbelsäulenoperation. Mein geistlicher Begleiter
besuchte mich. Ich erzählte ihm, dass ich nach der
überstandenen OP glücklich war, weil ich zwei Tage

fast schmerzfrei war. Dann kam der Rückschlag: Fünf Wochen lang bekam ich nachts vor Schmerzen keinen Schlaf. Auf der Intensivstation legte der Arzt mir einen Schmerzkatheter, trotzdem wurde ich vor Schmerzen immer wieder wach.

Lagen meine Nerven blank?

Mein Schwiegersohn war vorher mit unseren beiden besonderen (behinderten) Enkelkindern eine Woche lang bei uns. Es waren manchmal 40 Grad Hitze, die ich gar nicht vertrage. Ich machte mir Sorgen um meine Tochter, die abgebaut hatte. Nachdem der Besuch weg war drehte ich mich nachts ruckartig im Bett um, da passierte es. Ein heftiger Schmerz durchfuhr meinen Körper. Ich konnte mich vor Schmerzen nicht mehr bewegen. Wieder musste ich ins Krankenhaus, operiert werden.

Der Pastor fragte mich: „Wie halten Sie das eigentlich alles aus, Sie bleiben bei allem so ruhig und zufrieden!?"

„Ach, Herr Pastor, ich bin ja nicht allein, ich merke, dass ER immer in mir ist. Außerdem hat ER ja für UNS noch viel mehr gelitten als ich hier!"

„Oh ja, ihr fester Glaube hilft:

Feststehen in dem, was man erhofft, überzeugt sein von Dingen, die man nicht sieht!"

„Was haben sie da gerade gesagt, Herr Pastor?"

„Steht im Hebräerbrief, Kapitel 11 Vers 1!"

„Danke!"

Die Ärzte verboten mir meine monatlichen Lesungen in der Klinik fortzusetzen. Ich hätte gerne weitergemacht, weil die Klinik schon nachgefragt hatte, die Patienten würden mich vermissen. Aber erst im Oktober folgte die Reha, weil ich vorher dazu nicht in der Lage war.

Gerade wieder zu Hause, im Dezember 2010, kam der nächste Rückschlag, ein Unfall. Ich rutschte bei Glatteis auf unserer Straße aus. Ich wollte eben nur den Restmüll in die Tonne werfen, die bereits an der Straße stand. Gewaltig schlug ich auf, wollte aufstehen, aber es ging nicht. Ich war allein.

„Mein Herr Gott", schrie ich, „DU kannst ja alles mit mir machen, aber mich hier liegen und erfrieren zu lassen, das kann nicht dein Wille sein!"

Irgendwie kam ich doch hoch, aber meine rechte Hand konnte ich dazu nicht mehr gebrauchen, ich hatte mir einen Trümmerbruch zugezogen.

Ich will nicht von dem ganzen Drama berichten, weil ich ja vielmehr meinen Weg zu Gott beschreiben will. Aber es hängt irgendwie alles zusammen.

Ohne die rechte Hand ging fast gar nichts. Ich war allein, mein Mann war in der Reha. Ich musste einige Menschen in der Nachbarschaft um Hilfe bitten. Neun Monate später wurde ich das zweite Mal an der Hand operiert, weil das einoperierte Metall entfernt werden musste. Monatelang schmerzte der ganze rechte Arm davon. Aber auch dieses Unglück hatte seinen Sinn: Da ich nicht viel machen konnte außer zu gehen hatte ich Zeit für meine Helfer in der Nachbarschaft. Diese ist seitdem sehr menschlich und nah geworden.

> *Wir müssen die Widerwärtigkeiten, die Gott uns schickt, annehmen, ohne viel darüber nachzugrübeln, und wir dürfen es als gewiss annehmen, dass es das Beste ist, was uns begegnen kann.*
>
> Philipp Neri[5]

Ich begleite gern Menschen, damit sie wieder froh und frei werden. Zeit ist das Wertvollste was wir heute verschenken können. Die Menschen sind so *voll* ...

Manche fragen mich, wie ich das alles schaffe. Meine Antwort lautet: „Ich sehe nicht fern, ich sehe und erlebe nah genug! Ich lese viel und bleibe ruhig, weil ich mich von IHM führen lasse."

Meine rechte Unfallhand ist leider bis heute nicht wieder voll einsatzfähig, aber ich kann wieder am PC schreiben, dank einer ergonomischen Maus.

2012 ergaben sich neue Perspektiven:

• Ich habe in unserem Haus eine Pilgerherberge eingerichtet. Der neu ausgeschilderte westfälische Jakobsweg von Höxter bis Dortmund verläuft fast direkt vor unserer Haustür.
Auch das geschah ganz spontan, eine Geschichte für sich, Fügung. Es meldete sich gleich ein netter, interessanter Pilger, weitere folgten. Ich verstehe mich mit den Pilgern, freue mich über unsere Gespräche.

• Der Kurseelsorger in unserem Pastoralverbund bat mich um Mitarbeit. Ich schrieb für den Einladungsflyer „So viel Zeit muss sein" ein Gebet:

G O T T
Der Liebe und des Trostes
DU kennst mich
DU teilst mit mir
Freud und Leid
DU liebst mich so
Wie ich bin

Schenke mir
Gute Gedanken Vertrauen
Kraft Mut
Träume und Sehnsucht
Lass Sinn in mein Leben
Einziehen

In der Stille
Will ich auf Dich hören
Dich verstehen
Dann wandelt sich meine Zeit
DU der mir doch Leben
In Fülle schenken willst

Löse mich aus
Meiner Ich-Bezogenheit
Ich möchte – wie DU
Für meine Mitmenschen
Ein Segen sein

Wenn ich dann weitergehe
Soll ein Lächeln
auf Ihrem Gesicht sein ...

• Das Schönste von allem: Ich fing an der Katholischen Grundschule nachmittags als Betreuerin an. Das macht mir und den Kindern so viel Spaß und Freude. Die zappeligsten Kinder werden bei meinen „Traumreisen" ruhig und schlafen manchmal sogar ein. Die Geschichten erfinde ich spontan. Das was ich mit den Kindern mache kann ich hier leider nicht mit Erwachsenen tun: Ihnen fehlt dazu die Phantasie, das Fallenlassen, das Vertrauen, das noch *Kind* sein können.

Ich habe mir trotz allem mein „inneres Kind" bewahrt, darum komme ich so gut mit Kindern klar, sie sind noch so echt, ehrlich! Da kann ich meiner Phantasie und meinen vielen Ideen freien Lauf lassen. Schade, dass viele Erwachsene ihr inneres Kind nicht mehr kennen, sich nicht darauf einlassen können. Es tut so gut, macht Freude!

Mir fielen in dem Zusammenhang zwei Träume wieder ein:

Der Sternen-Traum:

Ich bin allein im freien Feld, schaue zum Himmel. Dieser wird von einem einzigen riesengroßen Stern ausgefüllt. Der übergroße Stern fällt herab, saust auf mich zu. Ein gewaltiger Wind braust auf, meine Haare flattern, ich erschrecke, falle zu Boden. Der Riesenstern fliegt wieder zum Himmel hoch und zerspringt in unzählige kleine, leuchtende Sterne. Der ganze Himmel ist voll davon.

Ich erinnerte mich an den Traum, weil die Kinder so freudig um mich herumwimmeln, wenn ich komme. Ich fragte mich, wie viele Menschen wohl durch mich und Gottes Hilfe wieder leuchten, strahlen könnten?

In der Schule wurde ich einmal aufgefordert, meine Traumreisen auf CDs aufzunehmen. Darum wurde ich schon öfters gebeten, auch von meinem Sohn, weil ich diese Phantasiereisen mit meinen

Enkelkindern oft spontan abends am Telefon gemacht habe. „Oma, ich kann nicht einschlafen", riefen sie an, „machst du mit mir eine Traumreise?" Danach hörte ich meist nur noch: „Danke Oma, tschüss, ich schlafe schon!"

Auch der Traum mit der „Stimme" fiel mir wieder ein – oder es war einfach ein Zuruf? „Hildegard, hör' auf zu rauchen, deine Stimme ist dein Kapital!" Sollte es wirklich so sein?

Das war ja auch 1996 so, als die schwerkranke Katja innerhalb weniger Tage ihr Gedächtnis wiedererlangte und ihren Körper wieder gebrauchen konnte, damals sagte ja der Arzt beim Herausgehen zu dem sich wundernden Logopäden: „Ihre Stimme muss ihr Unterbewusstsein wohl erreicht haben!"

Irgendetwas musste es doch sein … auch das konnten mir mein Schmerzarzt und andere Wissenschaftler später erklären.

Auch das Jahr 2012 war für mich ein besonderes Jahr, aber wiederum kein leichtes.
Aus meiner Lebenserfahrung änderte ich einige innere Einstellungen: Meinen inneren Frieden, meine stille Freude lasse ich mir von keinem Menschen mehr nehmen, stören oder rauben. Ich habe genug gelitten.
Ich kann jetzt für meine „Feinde und Neider" beten und versuche in jedem auch GOTT zu sehen, er wohnt ja in jedem. Damit helfe ich mir jetzt im Umgang mit schwierigen Menschen, den *Energievampiren*.

Christus wohnt in jedem, nur manche öffnen nicht ihr Herz für IHN, kennen IHN nicht, bitten IHN nicht darum. Sie leben nicht mit IHM. Sie wollen ihr eigener Herr bleiben. Sie beten zwar: Dein Wille geschehe, aber vertrauen nicht auf IHN.

Ich mache mir mit diesen Menschen keinen Stress mehr, warte einfach geduldig ab, denn ER hat ja gesagt:

> *Und ich, wenn ich über die Erde erhöht bin, werde alle zu mir ziehen.* Joh 12, 32

Überhaupt ist mir dies zur Gewohnheit geworden: Ich versuche stets das Meine zu schaffen, wenn ich merke, das geht nicht, dann sage ich zu IHM: „Herr, ich übergebe DIR diese Aufgabe, das kannst nur DU. Ich kann niemanden ändern, nur mich selbst, meine eigenen Einstellungen. Bitte, führe DU uns alle!"
Ich gebe es an IHN ab und warte, lebe sehr bewusst und bin achtsam.
Irgendwann geschieht es dann, einfach so!

Ich bespreche auch alles mit IHM, bin stets mit ihm in Verbindung. Im Alltäglichen werden oftmals spontan meine Gedanken und Wünsche erfüllt! Manchmal ist es auch sehr lustig, dann muss ich lachen und sage:

„Du Liebster, Du bist vielleicht einer!"

Wenn es brenzlig wird sage ich mir: „Ruhig, Hildegard, alles IST gut", denn in vielen Situationen habe ich erst im Nachhinein gemerkt, dass das Unangenehme und Schlimme wirklich einen Sinn hatte. Für solche Erkenntnisse muss ich still werden, darf nicht einfach wieder zur Tagesordnung übergehen.

Zufälle gibt es für mich auch nicht mehr. Das wären bei mir seit 1990 zu viele gewesen. Diese Synchronizitäten, wenn plötzlich alles zusammenpasst, sich fügt wie ein Mosaik, das ist schon erstaunlich, wundervoll.

An einem Erlebnis können Sie dies vielleicht erkennen:

2012, bei einer Veranstaltung in der Arena in Wetzlar, vor der sich bereits eine sehr lange Schlange gebildet hatte. Es war eine große christliche Veranstaltung mit verschiedenen Künstlern, die Glaubensbekenntnisse ablegten. Ein kulturelles Programm wurde auch geboten.

Der Veranstalter war Fidelia, eine überkonfessionelle Fraueninitiative. Wir standen hinten in der Schlange, ich schaute mich um, da bemerkte ich, dass die Menschen Eintrittskarten in den Händen hielten. Ich sagte zu meiner Bekannten, die mich zu dieser Veranstaltung eingeladen und die Abläufe vor Ort organisiert hatte:

„Ich habe nur Deinen Infozettel bei, wo ist denn meine Eintrittskarte? "

„Die habe ich dir doch gegeben!"

„Nein, ich habe nur diesen Infozettel von dir."

Hin und her, „Wir brauchen nicht mehr drüber reden, sie ist jetzt nicht da, es ist wie es ist."

Wir erzählten das dann der mir unbekannten Reiseleitung und fragten, ob sie vielleicht noch eine Eintrittskarte organisieren könne. Die wäre für mich nicht gerade billig gewesen. Meine Bekannte wurde ganz nervös, ich blieb ruhig und sagte still zu IHM: „Wenn DU willst, dass ich da hereinkomme, dann mach bitte schnell was!"

Wir näherten uns dem Eingang, an dem die Eintrittskarten kontrolliert wurden.

„Dass du so ruhig bleibst," staunte meine Bekannte. „Ich habe mit IHM gerade darüber gesprochen, wenn ER will, dass ich das erleben darf, klappt das auch." Drei Meter vor dem Eingang sahen wir plötzlich die Reiseleiterin mit einer Karte in der Luft winken. Sie kam zu uns, gab mir die Eintrittskarte, kostenlos. Ich weiß bis heute nicht, woher diese Karte kam. Meine Bekannte sah mich sprachlos an, schüttelte verwundert den Kopf.

„Ja, ich habe volles Vertrauen zu IHM!" Das hilft mir und trägt mich.

Ich könnte noch viele Begebenheiten vom roten Faden Gottes in meinem Leben schreiben, das würde aber zu viel. Es waren weit über 20 Jahre des Fragens, Suchens und Findens. Es werden immer wieder neue Herausforderungen kommen, das weiß ich aus Erfahrung. Ich finde mein Leben trotz allem erfüllt und spannend. Ich bin zufrieden und sehr dankbar geworden.

Den Advent 2014 habe ich wieder ganz bewusst und ruhig gestaltet, das hatte ich mir fest vorgenommen, um endlich dieses Buch zu vollenden und mit meinem „Arbeitgeber", meinem höchsten HERRN, alles zu besprechen. Nicht nur mein geistlicher Begleiter wartet schon jahrelang auf dieses Buch. Warum nicht eher? Die Zeit war eben noch nicht reif dafür. Als praktizierender Christ lernte ich auch das Warten können, bis die Eingebung kommt: JETZT!

Ja, Jesus, mein Heiland, Erlöser und Lehrer ist mein bester Helfer und Freund geworden, und so rede ich auch mit IHM.

Du brauchst nicht mehr als meine Gnade.

2 Kor. 12, 9

Und Alleinsein kenne ich auch nicht mehr:

WER GLAUBT IST NIE ALLEIN!

Benedikt XVI

... für den Glaubenden gibt es

eine bessere Möglichkeit,

nämlich seine Lebensgeschichte

als eine Geschichte mit Gott zu verstehen.

Ich kann mein Leben Gott anbieten,

damit er dann wirken kann, was er dann möchte.

Ich kann ihn immer wieder bitten,

dass er mir zeigen möge, was er durch mich, durch

mein Leben in dieser Welt verwirklicht haben will.

So entsteht eine Lebensgeschichte,

die eine Geschichte Gottes

und doch zugleich meine eigene ist.

Wendelin Reisch[6]

Ich danke ...

... meinem langjährigen geistlichen Begleiter Pastor
Jürgen Drüker, der mich vor Jahren aufforderte:
„Schreiben Sie Ihre Geschichte!"
Er hatte mit mir viel Geduld.
Er lehrte mich, führte mich gut und verständnisvoll.
Ich konnte durch ihn „unsere Kirche" wieder
annehmen.

... all den Fachleuten, die mir mit Rat und Tat zur
Seite standen und stehen, die ganzheitlich denken
und behandeln.
Ich sage gern: „Meine wissenschaftlichen Freunde."

... Paul Piepenbreier, leitender Berater EFL, er tut
mir gut und ihm tun authentische Menschen gut.

... meinem ständigen Helfer und Hausarzt Dr. Jürgen
Dramburg, einfach ein guter Mensch und Arzt.

… Dipl. Psychologen Jürgen Butte für die trauma-spezifische Therapie.

… meinem Schmerzarzt Dr. Josef Upschulte, der mir vieles wissenschaftlich erklären kann.

… Dr. Ulrike Hülskemper, die gut auf mein Schmerz-gedächtnis aufpasst. Sie ermuntert und stärkt mich.

Danke sage ich auch all den Menschen, die mir in dieser Zeit des Werdens begegneten und mich akzeptierten wie ich bin. Die mich wertschätzten, mir ihre Freundschaft und ihr Vertrauen schenkten. Danke an die vielen guten Menschen, nah und fern, die einfach da waren und sind!

Alle begleite ich mit meinen Gebeten.
Ich fühle mich mit Ihnen verbunden, sie sind in meinem Herzen.

Abbildungsnachweis

Titel
Mein persönliches Seelen-Mandala „Engel der lebendigen Sprache Gottes", angefertigt von der medialen Künstlerin Petra Gillymaa Hübscher, www.omjaah.de

Seite 71
„Auferstehung" von Helga Duffé Oelker, ein Geschenk von M.

Rückseite
Eva-Maria Rehberg, www.foto-rehberg.de

Seite 99: Freundschaftsring, Foto: Marcus Miesler

Fotografien von Thomas Hönemann:
Seite 7: Schneeglöckchen nah, 20.2.2018
Seite 55: „Rose meets Raureif", 26.11.2013
Seite 85: Statue auf dem Friedhof von Horn, 20.2.2018

Quellenverzeichnis

[1] Abdruck mit freundlicher Genehmigung des Autors.
[2] Rainer Maria Rilke, Briefe an einen jungen Dichter. Nr. 8 vom 12. August 1904, www.rilke.de/briefe/120804.htm
[3] Wolfgang Erk (Hrsg.), Literarische Auslese: Texte für jeden Tag des Jahres, Stuttgart (Radius) 2000, S. 189
[4] Die Gute Nachricht im Bild: Neues Testament mit Bildern und Erklärungen, Stuttgart (Deutsche Bibelgesellschaft) 2006, S. 430
[5] Christliche Sprichwörter und Zitate für jeden Anlass. Das Lexikon, Leipzig (St. Benno Verlag) 2012, S. 241
[6] aus: Liturgischer Kalender 2013. Begleiter durch Tag und Jahr, hrsg. vom Ökonomat der Afrikamissionare - Weisse Väter e. V., Köln

Weitere Veröffentlichungen

Flieg doch - flieg!
Gedichte vom Aufbruch
Berlin (Frieling) 1998
ISBN 9783828005839

Schmetterlingszeiten
Werde, der du bist!
Norderstedt (BoD) 2007
ISBN 9783837012309

Erhältlich im Buchhandel oder direkt bei der Autorin.

Impressum / Kontakt:

Über Ihre Rückmeldungen freue ich mich sehr. Sie können mich auf verschiedenen Wegen erreichen:

Hildegard Hönemann

Im Rübenkamp 9
59597 Erwitte-Horn

Tel. 02945/2790

E-Mail: hhoenemann@web.de

Internet: http://hildegard.hoenemann.de

Satz und Layout: Jule und Thomas Hönemann